探究
弥生文化

どんな論争があったのか

浜田晋介 著

Introduction　　　　はじめに

　弥生文化をめぐって、これまでいくつもの論争が戦わされてきた。本書はそのなかで、最も有名な論争から、これまで詳しく説明されることのなかった重要な論争を含め、5本の論争に焦点をあてて解説する、弥生文化に関する論争のガイドブックである。

　筆者は2022年に『探究 弥生文化㊤ 学説はどう変わってきたか』を上梓したが、本書はその下巻にあたる。上巻では弥生文化の研究の歴史をひもとき、学説がどのような経過を経てパラダイム（支配的な意見）となっていったかに焦点をあてて論じた。本書では学説が形成される過程、あるいはパラダイムとなったあと、学説の批評や検証が行われる時、それらが論争の形を取ることに注目して論じる。

　論争は学問の科学性を裏付ける行為の一つであり、必要不可欠のものである。

　疑問がなければ学問は発展しないし、論争がなければ学問は展開していかない。また、権威ある学説や有力な学説についても、自ら確認して理解する姿勢が学問には必要であるから、それらに疑問があるならば批評や検証を行い、既存の学説について反対する意見を表明する、そこに論争が存在するのである。権威や有力な学説に忖度することが続けば、それは学問の自死行為となるだろう。

　闇雲に反対し、批評するのが論争ではない。そこにはきちんとした作法がある。その作法を含め、論争とは何か。また、日本考古学において具体的にはどのような論争があるのか。どのように展開したのか。論争がもたらしたものは何か。現在とどのようにつながっているのか、とい

うことを 5 つの論争を題材に紹介・解説している。

　論争では、各論者の主張する部分が凝縮した形で発言されていること
が多い。時には丁々発止のやりとりがあるし、相手の意見に対する反論
にうまく答えられずにいる場面や、逆に相手の意見に対して明解に反論
を述べていると感じる場面も少なくない。読者自身が論争の当事者で
あったら、どのように批評あるいは反論するか、といったことを想定し
ながら読み進むのも、論争から学ぶことの一つである。ただし、そこに
は論争当時の学術的到達点や、論争を行う作法が存在していることを、
忘れてはならない。

　本書は最初に記したように、過去の弥生文化の論争を紹介しそれを解
説したものである。重要だと思われる引用文章の選択や論争の研究史的
な位置づけの説明は、あくまでも私の主観に基づくものである。この主
観が正しいかも含め、本書を読んだあとに各論争の原典にあたり、論争
の評価をしていただければと思う。そのきっかけとして本書がある。

●探究 弥生文化⑦●目 次

論争とは何か

論争の機能と構造とは

三　概　要

　本書は弥生文化に関わる学術的な論争を解説したものである。この *Chapter 1* は、*Chapter 2* 以下の各論争を解説する前に「論争とは」「論争の重要性」「論争の種類」「論争のありかた」「本書を読むにあたって」の内容を、それぞれ説明するものである。

　考古学に限らないが学術論文を執筆するためには、自分がテーマとして取り上げる事例について、過去にどのような議論が行われてきたのか。そしてその議論で何が解決して、何が未解決なのか。現代的な課題は何か、といったことを知る必要がある。すなわち研究史の精査である。

　研究史を繙くとある研究者の学説に対して、別の研究者が異議を唱えて批判しているのが一般的だと気がつくだろう。それが論争となる。自己の意見とは異なる他者の意見がある場合、学術的にはどのようにそれぞれの論を戦わせていくのだろうか。そしてなぜ論争が重要であるのか。過去の論争と現代的な課題はつながっているのか。論争をどのように読み説いていけば良いのかについて、この *Chapter* では述べている。

　「論争」は自己の考えや意見を相手に押しつける事でも、自己満足する行為でもない。まして論戦となった相手を論破する目的で行う行為でもないのである。では「論争」とはどのように理解すべきなのか、この *Chapter* で学んで欲しい。

論争とは

　論争とはどのようなものであろうか。辞典的な説明では「違った意見をもつ人たちが、それぞれ自分の説の正しさを主張して論じあうこと」（『スーパー大辞林 3.0』）といった内容である。こうした説明からみれば、普段の生活のなかでの論争は少ないだろう。確かに友人や親子での論争（言い合いと表現した方がよい場合もあるが）やマスコミでの「○×論争」といった表現は存在している。しかし、そうした論争はお互いが自分の意見の正当性をもちながらも、どこかの部分で相手の感情をおもんぱかって、自分の主張を取り下げるということをしがちである。あるいは感情に訴えることで、自分の主張の優位性を一方的に主張することが多いのではないだろうか。

　ここで取り上げる学問的な論争は、そうした論争とは異なるものである。その大きな違いは、真実はなにかということを、それぞれの意見の証拠や合理性の高い論理などによって主張しあい、その意見の妥当性・信憑性を判断することにある。したがって、感情に左右される根拠は排除されるのである。意見を裏付ける証拠がない主張は論外であるが、論争ではこの証拠や理論・解釈から導き出された学説に対して、その妥当性を批評・批判することになる。その場合当然妥当性を判断する証拠や理論・解釈にも妥当性が存在しなければならないため、批判・批評に対する反論も行われるのである。決して自己の考えを押しつけるということではなく、相手の意見の妥当性・信憑性が判断できれば、自分の意見に反していてもそれは受け入れるのである。

　学問上の論争は、批判・批評を繰り返しながらそれに堪えた部分が、その時点での合理的な分析結果として残り、それが繰り返されていくことで、学説は真実に近づいていく。しかし、どの分野の学問も同じであ

るが、その時点で真実に近いと思われていた学説でも、その結果を疑われるような新たな証拠や論理が出現することで、その学説が否定され、新たな学説が形成されていくのである。

論争の重要性

論争について櫻井清彦は、「およそ学問における論争・学説は、その学問の進歩にとって、かけがえのないものである。学説が生まれ、論争が生じ、また学説が生まれて、その領域の学問は発展する。論争や学説は突然、生起するものではない。その学問の長い時間をかけた調査、研究の結晶として、その時代の風潮にのって、ある時は爆発的に、またある時はゆっくりと頭をもたげるのである。このことは、洋の古今、東西を問わず、すべての学問に通じる事柄である」（櫻井1987：p.1）と述べる。学問における論争の位置づけを説明する当を得た文章である。

櫻井の言葉にあるように論争は突然生まれるわけではない。また、論争を通じてすぐに新たな学説がつくられることは少ない。そして論争はしばしば一方的に終了していき、次第に忘れ去られていく運命にある。時には個人攻撃のように受け取られ、文章作法の指南に及ぶ場合も少なくない。論争を第三者として、いわば傍観する者からすれば、論争の当事者にはなりたくないと思うこともある。できれば論争などに巻き込まれたくはないし、自ら論争を仕掛けたりすることはしない、と念じている研究者もいるかもしれない。論争をしない研究者が人格ある研究者としての評価を得る場合もある。

しかし、論争の最大の利点は、論点となった問題点が何であるかが先鋭化される。また、拠って立つ証拠や論拠が批判にさらされるということにある。そして証拠や論拠を吟味した結果を土台として、以降の研究が進んで行くことになる。学術的な考えは証拠や論点の公表と批判とい

うプロセスを経て、その時点で正しいであろうとする結論に達する。とくに人文系の学問における科学性の担保は、このような公表と批判を通して保証されるのであるから（浜田 2022a 参照）、論争は研究の基礎的な部分となる。論争は研究において必要不可欠な行為であるので、論争を避ける研究者が良い研究者とはいえないであろう。

論争の種類

本書に収めた論争は、弥生文化に関した論争である。

論争というと、個人対個人が論を展開し合っている場面を想像するだろう。この想像は間違っていないが、一面をみているだけである。例えば、個人対個人の論争の典型例に見える *Chapter 2*「弥生土器規定論争」は、最初は大野延太郎（雲外）と蒔田鎗次郎の間で行われていたが、後半には複数の論者が参戦し、それぞれの意見を主張し合う形となっている。また、*Chapter 4* の「ミネルヴァ論争」も、実質は喜田貞吉対山内清男の論争であるが、山内が表現するように「多くの先輩の代表者としての喜田博士」（山内 1939：註 26）、と山内・八幡・甲野の縄文土器編年研究者の代表としての山内との論争であったととらえた方が正確である。

論争は対立するどちらかが主張する意見で最終的に収まるケースも多いが、そうでないケースもある。*Chapter 5* の「文化伝播・変容論争」は、弥生文化が渡来人によって形成されたとするテーゼに、縄文人が生活を変化させて弥生文化を築いたというアンチテーゼ、の二律背反の考えから出発した。しかし、二人の論者とは別な論者によって渡来人・縄文人が混交したとするジンテーゼが定立する。この論争はそうしたケースの一つである。

論争が一つのテーマから発展し、そのテーマを含めながら大きな論争に展開する事例もある。例えば *Chapter 3* の「弥生竪穴論争」は、当初

は石器時代人（≒縄文人）の住居の問題（穴居論争）の議論のなかから派生してきた論争であった。また、*Chapter 6* の「弥生戦争論争」はそのきっかけが高地性集落論争であったが、それを含んで「武器論」「殺傷人骨論」「環濠集落論」などとともに、弥生時代の戦争の存在を扱う、大きなテーマとして発展・議論されてきた。

　また、一つのテーマで始まった論争が題材や内容を変えながら、断続的・長期的な論争に発展している事例も存在する。*Chapter 3*、*Chapter 4*、*Chapter 5* はその事例であろう。とくに *Chapter 4*「ミネルヴァ論争」で議論された、弥生文化の開始が日本列島の九州・四国・本州地域（中^{なか}の文化：藤本 1988）でどの程度時間差が存在するのかという問題は、「ミネルヴァ論争」を経た後に、山内の考えとは異なった学説（荘介段）がパラダイムとなり、そのパラダイムが新たな発見（本州北端、青森県砂沢遺跡の前期水田）によって覆される過程をたどった（「荘介段」や「パラダイム」については浜田 2022a 参照）。そして新たな年代観（AMS 法）の導入によって、弥生時代の開始年代が 500 年近く遡るという研究成果が示され、再度「中の文化」地域内において弥生時代の開始に数百年の時間差が存在するのか、という現代的課題として提起されているのである。

　論争は型にはまって同じように展開するものでもなく、派生したテーマが別の論争に発展するなど、さまざまな形態の事例が存在することが、理解できるであろう。

論争のありかた

　科学において重要な位置を占める論争は、重要であるからこそ、注意しなければならないことがある。*Chapter 2* 以下で解説する論争も含め、本書で紹介できなかった大小さまざまな論争に触れ、その思いを強くした。その問題に触れておきたい。読者の参考になればと思う。

注意すべき点の一つは論争があくまでも学説に対する批判であって、個人に対する批判ではないことである。学説を形成する証拠や結論を導く論理過程（分析）などを対象に、その方法や解釈をめぐってそれぞれの考え方を比べ主張していく。先学の研究に学びながら、それを批判して乗り越えていくために、個人の資質に関わる問題を批判することは必要ないはずである。相手の主張する意見にはそれなりに根拠があるはずで、その意見に対して真摯な態度で何が問題であると思っているのか、という批判・批評を意見として表明させるべきである。

　別の一つには、これから紹介していく弥生文化をめぐる論争のなかにも多く見られるのであるが、論争を重ねていくにつれ争点（証拠や論理）があいまいになっていく、あるいは指摘した争点の是非に触れず、異なる新たな争点を設定して、旧来のパラダイムに合わないので間違いであるとする論法が見られる。批判者にとっては意識していないことかもしれないが、批判を受けた者あるいは第三者からみれば、論争の争点を外して議論が進んでいっていると感じるのである。指摘された問題に対して検討資料が不足している、適確に判断をくだせない、判断に迷うなどが存在することは確かであるが、少なくとも答える（あるいは答えない理由を答える）姿勢は示すべきであろう。しかし現実には、その姿勢を示していない論争も多いのである。論争を読む場合は、争点が何であったかということを押さえながら読むことをお薦めする。

　さらにもう一つは、解釈にいたる過程の検証である。考古学の具体的な成果はモノ資料[1]に対する解釈である。合理的な解釈を行うために

---

1)　考古学の分析対象資料には、土器や石器、竪穴や墓など目に見える資料とともに、目に見えないが、可視化して利用する資料（例えば年代測定や成分分析など）も存在する。後者は形をもたない資料であり、物体・物品などのいわゆる「物」とは区別される。そのためモノ資料とカナ表記とする（浜田 2022b 参照）。

はその解釈の根拠や、証拠から導き出される合理的な結果（例えば二つの竪穴が重なっていた場合は、A竪穴がB竪穴を壊しているのでA竪穴が新しいなど。浜田2022c参照）が存在していなければならない。これは、論争を行う者が必ず持ち合わせなければならないことである。つまり相手の主張に合理的な結果を求めるだけではなく、批判・批評する側の自分も合理的な結果から得られた内容で批判・批評すべきである。しかし、自説を主張することを重視するあまり、合理的な結果から得られた内容から離れて議論している事例もある。とくにまだ学問的に熟成がなされていなかった明治期の論争には、そうした内容のものが多いが、現在でもなくなったわけではない点は注意を有するであろう。

本書を読むにあたって

　本書では5本の論争を取り上げたが、論争が行われた時期は、*Chapter 2*「弥生土器規定論争」が明治期、*Chapter 3*「弥生竪穴論争」が明治から大正期、*Chapter 4*「ミネルヴァ論争」、*Chapter 5*「文化伝播・変容論争」は昭和戦前期、*Chapter 6*「弥生戦争論争」は戦後から現在までであるが、テーマが少し変化してあるいは派生した論争が存在するなどを考慮すれば、*Chapter 3・4・5*などは現代にも引き続き議論されているものである。したがって、それぞれ論争の当時に使われていた学術用語、例えば弥生式土器、弥生式文化などは、その用語を使用する必然性がある場合を除き、現在一般的になっている「弥生土器」「弥生文化」を使用している（浜田2018・2022a参照）。
　なお、弥生時代の考え方は、1932年に山内清男が、縄文文化と弥生文化と古墳時代が時間的に継続し、それぞれ独立した文化としてとらえたことから生まれた概念であった（山内1932b）。それまでは縄文文化と弥生文化は同じ時期に、日本列島に共存していた文化であると考えられ

ていた。そのため、それ以前の研究段階で弥生時代を使用するのはためらわれるので、戦前における特定の事例以外は、弥生文化と表記しておく。戦後の研究でも弥生時代という時間的な枠を問題にする場合以外は、弥生文化の表記を原則とした。

　また、本書は基本的に大学での授業に使用できるように文章量を考えた。筆者のこれまでの経験から、説明のための画像などを別途用意して、90分授業（一コマ）で8〜10頁が目安になった。当初は一つの論争に対して10頁前後を考えたが、根拠や論理過程を示しながらの解説は、2〜3倍の文章量となってしまった。そのため、一つの論争を解説する授業として、2〜3コマにわたって講義する内容となっている。

　なお、本書では便宜上縄文土器を使用していた人びとを「縄文人」、同じように弥生土器を使用していた人びとを「弥生人」と記述した。それぞれ独自の民族・人種が存在しているわけではない（浜田 2018・2022a 参照）。

弥生土器規定論争

弥生土器は古墳から出土するのか

三 概　要

　弥生式土器とはどのような土器のことなのか。ここで扱う論争は、縄文土器とも古墳出土土器とも異なると認識されていた弥生式土器が、具体的にどのような基準、あるいは定義をもって区別されるのか、という日本の考古学研究初期の論争を取り上げる。現在は日本で稲作など本格的な食糧生産が開始されてから、前方後円墳が出現するまでの時代を弥生時代、その文化を弥生文化、その文化で使用された土器を「弥生土器」と呼ぶ（佐原・金関 1975、佐原 1975b）のが一般的である。

　しかし、研究開始期の 1880 年代〜1900 年代には、縄文土器（素焼の土器）と古墳時代の土器（素焼の土師器と窯で焼く硬質の須恵器）を製作していたのは別々の民族であり、両者は同時代に存在していたとする考え方が基本にあった。そのため、弥生式土器についてもこれらとは異なった民族による土器であるということを前提に議論されていたが、どのような土器なのか概念が定まっていなかった。縄文土器・土師器と同じ素焼土器であったため、弥生は縄文と古墳の民族と関係をもち、古墳からも弥生式土器が出土する（現代的には土師器）といったことが前提となっていた段階で、研究者はどのように弥生式土器を定義しようとしてきたのか。この論争から、考古資料を解釈する思考法を学んでほしい。

弥生式土器発見以前の土器の認識

　弥生式土器は、どのような土器として認識されてきたのか。この問題を述べる前に、弥生式土器発見の報告（1889年）以前、日本出土の土器はどのように理解されていたのかについて、整理をしておく。坪井正五郎は日本出土の土器を、1. 貝塚土器、2. 素焼土器、3. 朝鮮土器、4. 齋甕土器の4つにわけて、それぞれを説明している（坪井1886）。要約すると、**貝塚土器**は材料の粘土に小石が交じり多く雲母が入る。質は脆く割れやすい。色は樺から黒の間。模様は棒で描いた線もあるが、縄の痕が多く残る。我々の祖先ではなく蝦夷（先住民）の遺物である。貝塚や小高き丘から出土する。**素焼土器**も質は脆い。色は樺。模様はほとんど無い。日本人の塚（古墳という意味か：筆者註）から出土。貝塚土器以外の素焼土器をいう。**朝鮮土器**は質が堅く、打てば金属の音がする。色は鼠色。模様はほとんどないが外側に傾いて並行した短い線があるものもあり、内側は渦の形（渦紋・青海波紋か：筆者註）が付いているものもある。これは土器を固めるために押しつけたものと推測。新羅焼と同じ。**齋甕土器**は朝鮮土器に似る。質はやや脆い。色もやや薄い。内側に渦の形は付いていない。忌部・行基焼と同じとする。

　現代の知見でいえば、貝塚土器は縄文土器、素焼土器は土師器、朝鮮土器と齋甕土器は須恵器のことである。朝鮮土器と齋甕土器（後に齋瓮土器、祝部土器などと表記。ともに読みは「いわいべ」）の違いがわかりにくいが、内側に渦紋（青海波紋か）があるかないかでの区別であったようだ。後年八木奘三郎と中澤澄男は朝鮮土器とは外面に模様（印花紋）が存在するもの、台付のもの、が多くあることなどを特徴に挙げている（八木・中澤1906）。弥生式土器はこうした状況のなかで発見された。

弥生式土器の発見

1884年に坪井正五郎・白井光太郎・有坂鉊蔵（しょうぞう）が、東京市本郷区弥生町向ヶ岡（現文京区本郷）の貝塚から上部を欠損した土器を掘り出す。これが後に「弥生式土器」と命名される土器になる[1]。品川区大森貝塚の発掘から7年後のことであった。

第1図　向ヶ岡貝塚出土の弥生式土器（坪井1889原図）

向ヶ岡貝塚からは、大森貝塚と同じく縄文時代後・晩期の土器が出土しており（坪井1889）、発見当時は縄文土器と同じく石器時代の土器であると理解されていた。坪井は向ヶ岡貝塚出土の土器に織物の痕、現在の縄文（当時は席文（むしろ）・布文などとも呼ばれていた）が付けられている（第1図）ことは、石器時代の土器の証拠であると述べている。

向ヶ岡貝塚発見の8年後の1892年に坪井は東京府西ヶ原貝塚（現北区）を発掘する（坪井1893a～d・1894a・b・1895）。坪井の報告には記載がないが、八

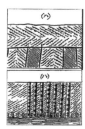

第2図　西ヶ原貝塚出土の弥生式土器（八木1902原図）

---

1)　有坂鉊蔵は、向ヶ岡貝塚発見の前年に上野新坂（東京国立博物館と鶯谷駅の間）で、弥生式土器と同種の土器（現在の知見では弥生時代後期～古墳時代前期の甕形土器）を発見し、発見当時向ヶ岡には弥生町の地名はなかったとする（有坂1923）。また、弥生式土器は有坂が掘り出していること（有坂1935）などの記載がある。石川によれば、1871年には「向ヶ岡弥生町」の地名が成立している（石川2008）。

木犀三郎によるとこの時の調査で向ヶ岡貝塚出土土器と同じような縄文の付いた土器が確認されたという（第2図、八木1898・1902）。さらに1894年に岩代国安積郡富田村（現在の福島県郡山市）から「ハケ目」土器[2]が、開墾中の平地から出土（犬塚1894）した。これを調査した鳥居龍蔵は、貝塚土器（縄文）とも古墳時代の土器ともつかない土器（八木1898、鳥居1953）として理解する[3]。西ヶ原貝塚、富田村の出土品がきっかけとなり、これ以降、東京帝国大学人類学教室の人びとの間で、縄文土器とは違っ

2）　富田村の遺跡については、大字大島字矢の根石を開墾して土器が多数出土した（犬塚1893）という報告がある。このなかで「ハケ目」土器出土地は「「ハケ目」アル土器ノ発見地 開墾場所 ヲ一見シテ富田村ノ内大字大島ナル小字矢ノ根石ニ至ル 鳥居氏ト採集セル場所 乃チ遺物ヲ採集ス」（犬塚1894：p.457）とあることから、同一の遺跡である。しかし、この「ハケ目」土器の具体的な内容の記載は二つの文献にはない。犬塚の1894年以前の文献では、「刷毛目」として坪井の西ヶ原貝塚出土土器での分類がある。西ヶ原貝塚出土土器の紋様を、紋様＜書き形＜複線＜刷毛目と分類し（坪井1894b）、刷毛目を含めた複線書紋を「櫛の歯を以て撫でた様に線が幾つも並行して居る紋様」（坪井1895：p.151）としている。向ヶ岡貝塚出土の弥生式土器には「内面には草を束ねて撫でた様な條が付いて居る」（坪井1889：p.196）とあり、鮫島（篠原）和大の実測図には内面底部付近に「刷毛目」が観察できる（鮫島1996）。また、「ハケ目」土器の記載はないが、岩代国河沼郡川西村（現会津坂下町）から「東洋学芸雑誌九十何号カニ載スルモノヽ類ヲ発見セリ」（犬塚1893：p.154）と、地元の教員から聞いたことを報告している。ただ、川西村から出土した弥生式に類する土器ついての特徴は記載がないため具体的にはわからない。いずれにしても、これ以降弥生式土器＝「ハケ目」土器と認識し、埴輪の刷毛目との関係で古墳との同時期性を考える大きな根拠になっていくだけに、当時の認識をうかがえる重要な記述である。

3）　鳥居は戦後の回想文のなかで、「犬塚氏の言われる土器が盛んに出土している。この土器は決して縄文土器ではない」（鳥居1953：p.93）とする。しかし人類学教室にいた八木は、当時の鳥居を「直に彼地に出張して実地の取調べに従事せられしに出す所の土器は貝塚ものとも付ず、又古墳物とも付かざる一種異なりたる風にて、且つ其場所は従来類例を見ざる竪穴様のものなれば何とも決定し難く其儘帰京することとなれり」（八木1898：p.273）としている。なお、富田村の土器を八木が図で示している（八木1902）。それをみると、奈良・平安時代以降の土師器であることがわかる。

た素焼きの土器を「弥生式土器」と呼ぶようになったという（例えば八木 1898・1902、柴田ほか1933）[4]。これらの論文からは縄文土器との違いをどのように認識したのか確定できないが、縄文の節（粒）の細かさ、胎土に雲母が入っていない（坪井1889）や「ハケ目」紋様（犬塚1894）がその基準であったのは確かであろう。とくに「ハケ目」はこれ以降、弥生式土器と古墳時代の土器や埴輪との類似性から、両者の同時代性を考えることになっていく点で見逃せない要素である。

蒔田鎗次郎の最初の報告

弥生式土器に対する認識がこのような段階であった1896年5月に、蒔田鎗次郎が一つの報告をする。彼は自宅にゴミ穴を掘っていた時に出土した、弥生式土器を報告する（第3図、蒔田1896）[5]。この報告は「弥生式土器」を冠した初出の論文であることに加えて、①出土土器の図化・採寸・器形・文様の特徴の記載、②煤の付着から煮炊きの用途の推測、③出土状況の観察（竪穴からの出土）と類似遺構への言及、④時間的位置づけへの問題提起を行っている。昭和戦前までの弥生式土器研究の動向を俯瞰したとき、遺物や遺構の観察を通して結論を導きだした、当時に

4）　八木は「廿六年頃西ケ原農事試験所の構内なる貝塚中より一種の土器出でしが右は嘗て坪井氏の本郷向ヶ岡なる弥生町貝塚より採集せし土器の或ものに似たれば弥生式の名を附するこそ適当ならめとて遂に此名称を用ゆること、爲れり」（八木1898：p.273）、「然るに全廿七年岩代に於いて東京人類学会員なる犬塚君と云えるが竪穴と覚しき内より此種の遺物を見出してより予等の間に於いて全く別個の新種類たるを証明するに至れり」（八木1902：p.4）とある。柴田は座談会で1894・95年当時の状況を回顧し「土器の性質が十分に明白になるまで、仮称として弥生式土器なる札紙が人類学教室に張られ、以て来観者にも区別のつく様にせられた」（柴田ほか1933：p.37）と述べている。

5）　この場所は、21世紀になって駒込一丁目遺跡の一部であることが判明する（宮川2007）。筆者も調査に参加し現地を知ることができた。

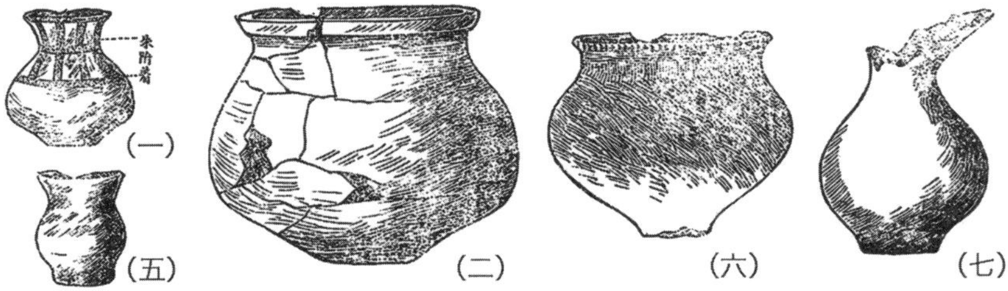

第３図　蒔田邸（駒込一丁目遺跡）出土土器（蒔田 1896 原図・改変）

あっては出色の論文であったといえる[6]。以後大野延太郎（雲外）らとの論争で焦点となる点について、便宜的に番号を振っておく。

①文様の特徴ではA「貝塚土器ニ比ブレバ大イニ巧ナレドモ装飾ニ至リテハ極メテ簡単」、B「重ニ円形或ハ條様ノモノヲ肩、線ナドヘ附着セシムルコト埴輪物ノ装飾ト同様」、C「沈紋ニ至リテハ現時ノ連隊旗ノ如キ三角形様ノモノヲ多ク書ク」、D席紋が「「一平方センチメートル」ニ九條九十ノモノオ〔ママ〕見マスガ此等ノモノハ石世期ニ於テ見ザル」、E「織物使用ノ目的ハ石器時代ニアリテハ土器製造ノ折リ主ニ席紋ヲ以テ外部ヲ覆ヒ是レニ土ヲ圧シ付ケナガラ形ヲ造リ（中略）之ニ異ナリテ弥生式土器ニ在テハ刷ケ目ヲバ石世期ノ席紋ト同様ノ目的トシ席紋ハ主ニ装飾トシテ用ヒタル」（蒔田 1896：p.323）。つまり弥生式土器は縄文土器と比べ装飾が少なく、席紋は共通するものの、弥生式土器の方が細かく[7]、細か

6)　分析資料は蒔田邸資料以外に向ヶ岡貝塚、小石川伝通院裏手出土の土器と田端道灌山、王子村亀山の竪穴である。小石川伝通院裏手出土は詳細が不明であるが、記載からは甕である。この周辺からは蒔田、八木、大野の発見地名表（蒔田 1897、八木 1898、大野 1902a）に載る、「小石川区指ヶ谷町」出土の資料もあり「三角赤席紋等の模様有る」土器である（八木 1898：p.275）。

7)　縄文の節と條の粗密についての対比資料は、坪井が行った西ヶ原貝塚出土の土器（坪井 1894b）である。

な織物へ進歩した証拠である。また、土器を織物（席）で覆って製作するのが縄文土器で、同様のことを刷毛（目）で行うのが弥生式土器であり、弥生式土器の席紋は三角形紋と同じく装飾に用いたものである。これに対して、壺の装飾である円形紋や條様のものは埴輪と関係があるとしている。

　②用途では次の点から祭器であることを否定する。「器物使用ノ目的ハ或ハ祭器ナラント申サルル方モアリマス然レドモ甲図中第六号及小石川伝通院裏手ヨリ掘出シタル瓶形ノ土器ハ全体薄キ黒色ニシテ腹部ハ煤ニテ包囲セラレ或ル一部ハ煤ナク「カハラケ」色ニ変リ居ルヲ以テ見レバ必ズ地下ヲ掘リテ竈ノ如キモノヲ築キ之レニ掛クルコト現世ノ釜ト同様ノ目的ニ供ヘタルモノト思ワレマス」（同：p.323）。土器の観察を通して、合理的な結論を導きだしているのがわかる。祭器の場合、釜のように炎にあたることは基本的に考えられないので、それを否定できるということであろう。

　③出土状況の観察ではこれらの資料が同一時期の資料であることを説明する。向ヶ岡貝塚で縄文土器（貝塚土器）と弥生式土器が共伴し、他の遺跡でも縄文土器と須恵器（祝部土器）が共伴する事例がある。しかしこれらはそれぞれの時期の遺跡が近くにあり、農耕などに伴う、現在の用語でいえば、「攪乱」によって表面的に混じってしまったものであるとする。それに対して弥生式土器が出土する場所は竪穴であることを、自宅の庭の竪穴断面、田端村道灌山（現東京都北区）の法面に現れた断面、王子村亀山（現東京都北区）の法面に現れた断面（第4図）の3つを提示している[8]。明確には記述していないが竪穴の内部は農耕などの攪乱の影

8)　この時の田端道灌山の断面は、常磐海岸線（現在のJR常磐線）の工事で掘り取られた台地の断面であり（蒔田1902b）、現在の遺跡に照らせば東京都北区田端西台通遺跡である（石川2008）。蒔田はこの後の日本鉄道会社の豊島線の工事でも、その工事現

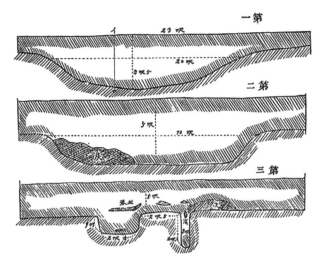

第 4 図　竪穴断面図（蒔田 1896 原図・改変）

響を受けにくいので、縄文土器や須恵器などが混じることがない状況で
あることから、これらの弥生式土器は同時期であることを示そうとした
と考える[9]。

　④時間的位置づけについて、祝部土器の破片さえ出土していないこと
から、祝部以前つまり古墳時代以前に位置づけられるのではないか、と
問題提起をしている。

　この蒔田の報告を基礎として弥生式土器・弥生文化の研究が本格的に

　場（田端道灌山）で多くの竪穴を工事断面で確認しているが（蒔田 1897・1902b）、そ
　れを調査できたのは坪井正五郎の便宜によるものであったという（蒔田 1902b、柴田
　ほか 1933）。実際に出土地を調査する機会に恵まれたことは、彼の弥生式土器研究を
　前進させる大きな力になったことは確かである。しかし、それを細かく観察・記録し
　て記述する方法で集成しなければ、蒔田の思考は生まれなかったであろうし、検討す
　ることも不可能であろう。現在でもみならうべき姿勢である。
9)　設楽博己は蒔田のこの考えを、現在の「一括遺物」の概念であると論じている（設
　楽 1996）。

開始され、とくに、「弥生式土器」とはどのような土器であるのか、縄文土器や古墳出土の土器とどのような関係があるのか、という論争が始まることとなる。

須藤求馬の「有紋素焼土器」とその反論

　蒔田の発表の同年の1896年12月（7ヶ月後）に、北陸地方をフィールドとする須藤求馬は、「弥生式土器」という名称が学術用語としてふさわしくないとして、「有紋素焼土器」と提案する（須藤 1896）。須藤が提示する素焼土器は釉薬を用いない焼き物であるが、そのうち埴輪に質も色も似た土器焼（かわらけやき）が定義の基となる。素焼土器には有紋と無紋があり、そのうち前者の「有紋素焼土器」を所謂「弥生式土器」に代えて使用すべきだと説く。その理由は北陸地方の土器は質や紋様が埴輪に類似するからだとし、とくに櫛歯のようなもので全面に直線並行や傾斜交叉する紋様があり、これが埴輪に似ているとする。「櫛歯」の用語で説明しているが、先述した「刷毛目」と同じ紋様構成であることが挿図からわかる。また向ヶ岡貝塚出土土器は石器時代のもので、蒔田邸出土のものは北陸地方のものと同じであるとする。つまり、蒔田邸のものは「有紋素焼土器」だが、他の類例は石器時代のものとするが、その理由は書かれていない。わずかに蒔田邸出土の甕（第3図（六）の土器）に見られる「縁に箆の角にて押付けギザギザを付けたるもあり」（同：p.116）という記載から、現代的にいえば口縁部の刻目の存在がその根拠のようである。

　須藤の意見は、1897年2月（2ヶ月後）に野中完一によって反論されることとなる（野中 1897）。野中は「東京地方より間々無紋のもの発見」（同：p.206）されるので、「有紋素焼土器」の名称は不都合であるとする。須藤は蒔田邸出土の土器と北陸の土器の共通性をもって同じ「有紋素焼土

器」としたが、その蒔田邸出土資料に、第3図（五）や（七）のような無紋土器も存在することが、須藤の理解のなかから抜けていたのである。野中はそうしたことを根拠にしているのであろう。野中の反論が受け入れられたためか、これ以降北陸地方以外は「弥生式土器」が定着するようになるが、それでも「素焼土器」という名称は、とくに古墳出土の素焼土器（後に埴甕、現代的には土師器）を含めた土器として、これ以降も使われることとなる。

蒔田の再報告

野中の反論の同年の1897年9月（7ヶ月後）に、蒔田は新たに上十条村、田端村（いずれも現東京都北区）の資料を報告する（第5図、蒔田1897）。3点の資料はすべて甕であるが、（丙）は器形から見て平安時代の武蔵型甕の可能性が高い。蒔田は（甲）と（丙）は器形から弥生式土器よりは貝塚土器（縄文土器）に近いとし、それを模倣していると記している。器形としては（甲）と（乙）は同一（両者とも台付甕）であるが、（乙）には全面に刷毛目があると記載されていることから、このことを考慮して貝塚土器とは異なるとしたのであろう。この報告では三角形・円形・格子形を沈線と隆起線で描き、鉄朱や黒色の顔料を塗布することを述べ「此土器ハ無紋ノモノ多ク装飾アルハ至テ少シ」（同：p.483）とするのは、須藤の意見を意識したといえる。弥生式土器は、煤の付着・内部の剥落・底部の磨耗から貯蔵用・煮焚として利用されたものであり、鳥居龍蔵が報告した台湾阿眉族の土器の用途（鳥居1897）を参考にして述べている。そして弥生式土器が出土する場所は地下に掘り込まれた穴の中から出土し、古墳からの出土ではないため祭器ではないことを力説する。蒔田の考察は観察に裏付けられており、現在の知見でもその考察は肯定できるものが多いといえる。

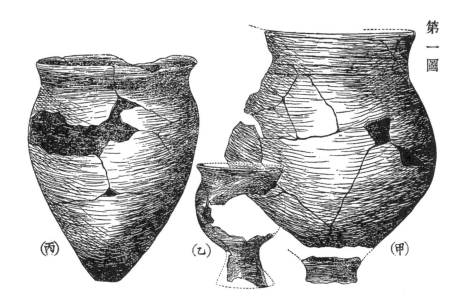

第5図　上十条村・田端村土器（蒔田1897原図・改変）

八木奘三郎の解釈

　蒔田の再論の翌年、1898年4月（7ヶ月後）に八木奘三郎がこれまでの
出土地を示し、出土状態を整理する（八木1898）。陸奥国から日向国まで
21国70箇所を集成し、竪穴・貝塚・散列地から出土していると分類す
る。そのなかで貝塚物（縄文土器）や古墳物（祝部土器）と共伴する例があ
るが、「弥生式土器が種々新旧の品と共にでればとて両者の一方を引付
けるが如きは寧ろ吾人の避く可き点ならん」（同：p.278）として先入観を
もたないように注意を促している。

竪穴から石器の発見

八木が集成を発表した同年の1898年9月（5ヶ月後）に、蒔田と鳥居が田端道灌山の竪穴底部から石器を採集し、弥生式土器に石器が伴う可能性を報告する（蒔田1898）。これは現在の知見では旧石器時代のナイフ形石器（第6図）であり、弥生式土器に伴うものではないが、当時弥生式土器が石器時代であるとする証拠となったことは間違いなかった。

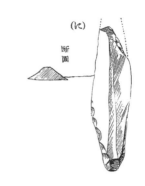

第6図　田端道灌山出土石器（蒔田1898原図・改変）

大野延太郎の報告

蒔田らの報告後、弥生式土器についての報告などは少なくなっていたが、1900年2月（1年5ヶ月後）に大野延太郎が一つの報告を行う（大野1900）。安房国東長田の崖面を掘削中に土器が出土したと人類学教室に連絡があり、後日、大野が実査したものである。出土資料は多くあったが特徴的なものとしては、第7図の「（イ）ハ赤ノ素焼土器破片ニシテ型式ハ弥生式ニ類似ノモノ」（同：p.186）で（ロ）（ハ）も同質の破片とする。

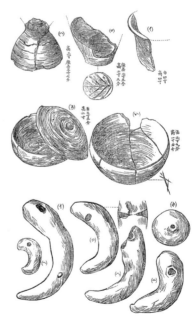

第7図　安房国東長田出土遺物（一部：大野1900原図・改変）

これらに交じり同質の（い）と祝部土器である（ろ）と土製曲玉・土製円板・土製玉と瑪瑙製曲玉（へ）が出土したとする[10]。大野はこうした資料群をもとに素焼土器、祝部土器、瑪瑙曲玉は古墳から発見されるものであり、土製玉類などは石製模造品に類似する。土製円板形は青銅鏡、歯車形は八咫鏡のそれぞれ縮小品で、丸玉・曲玉は土製模造品としてとらえた。そして、「此地発見ノ遺物ハ我々ノ祖先ガ在ル神事上ノ儀式ヲ行ウ為メ一時ノ用ニ供ヘタルモノナラント考ウ」（同：p.192）とした。つまり弥生式土器は神道行事の儀式に伴う土器である、としたのである。

横路石太郎の報告

大野報告の同年の1900年12月（10ヶ月後）に、愛媛県から波形紋様をもつ弥生式土器の報告があった（横地1900）。横路は同様の土器が平地から出土し、付近に古墳などがないことから、古墳とは関係なく祭器ではないと述べ、大野の提言に反対している。

蒔田の長野県箱清水の観察

1898年に石器の報告をした蒔田はその後沈黙していたが、1901年と1902年の2回にわたり、長野市箱清水から出土した遺物の報告を行う（第8図：蒔田1901・1902a）。これは、坪井の命を受けての現地踏査と報告であった。現地ではすでに遺物が取り上げられており、竪穴から出土したことはわかるが、詳細な調査は行えなかったため、出土遺物の報告となった。大野が報告した千葉県の出土遺物と同じように、現代の知見で

---

10) 現代的な知見からすれば、出土遺物の（ロ）・（ハ）は古墳時代前期以前、土製勾玉は弥生時代後期以降、瑪瑙勾玉は古墳時代以降、（ろ）は古墳時代終末期以降と年代的にはばらつきがあり、これが1箇所から出土したのか疑わしい。しかし、当時大野が弥生式土器の範疇に含めたのは、類例が少ない段階では致し方ないことである。

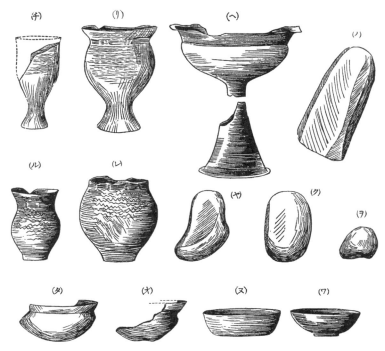

第8図　箱清水出土遺物（一部：蒔田 1901・1902a 原図・改変）

は弥生時代後期（ヘ・チ・リ・ル・レ）・古墳時代前期（オ・タ）・奈良時代以
降（ワ・ヌ）の時代の遺物が出土している。そのため、蒔田は自宅や周辺
の断面での竪穴からの一括遺物を基とした、同一性の確証を得ることが
できず、弥生式土器の定義が混乱する。そしてこの論文が提出された
1902 年から、弥生式土器の概念規定や用途について、とくに大野と蒔
田の間での論争が開始されることとなる。

大野の「埴瓮土器」の提唱

　蒔田が箱清水出土の遺物の続報を掲載した、1902 年 1 月に発刊した
同じ雑誌の同巻号に、大野がそれまでの弥生式土器の集成を行い一つの

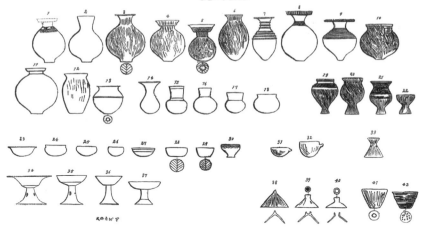

第9図　埴瓮土器の種類（大野 1902a 原図）

提案をする（大野 1902a）。大野は弥生式土器の命名の経緯に触れながら、
「これも類品これも同種と云う様に範囲が広まって来て（中略）或る人
の云う弥生式と他の人の云う弥生式が意味が違うと云う事さえ有って、
屢ば話しの混乱を出したことが有る。そこで弥生式の名は狭い意味に
（しばし）
止めて置いて別に類品全体を覆う広い名を作ろうと云う考えが教室諸氏
の間で起こって埴瓮抔という名は如何との議もでました」（同：p.170、ふ
（はにべなど）
りがなは原文・（　）ふりがなは筆者）として「埴瓮土器」の名前で弥生式土器
を含め、これまで弥生式土器と同質と考えていた土器群の名称を提案す
る。そしてこれまで確認された埴瓮土器の出土地と代表的な土器の図を
提示する（第9図）[11]。これをみれば、当時どのような土器が「埴瓮土器

---

11)　この図は、下部余白に「大の雲外写」の署名がある。絵師として人類学教室に奉職
　　した（鳥居 1926）大野の筆としては稚拙であるが、大野の著作に見られる署名と同じ
　　である（例えば大野 1916）。この図は N.G.Munro が自書のなかで、大野の文献名を明
　　記したうえでレイアウトを変更して使用している（Munro1908）。そのため Munro に
　　図のオリジナルを認める傾向がある（斉藤 1985、金関・佐原 1988、伊藤 1994）。しかし、
　　この集成図は正しくは大野の図である（浜田 1997 参照）。

＝弥生式土器」として認識されていたのかがわかる。大野が意図した弥生式土器という名称を狭義の使用に限るという考えは、これからの研究を進める基礎となるものであり、現在の感覚としても十分に理解できるものである。しかし、その弥生式土器あるいは埴甕土器をどのような土器と考えるのか。その定義付けが不明確であったため、狭義の弥生式土器・埴甕土器は個人ごとにイメージせざるを得なかった、といえよう。

蒔田と大野の論争

　こうした弥生式土器の定義（有紋だけか、無紋も含めるか）・時期（縄文土器、祝部土器と共伴するのか）・使用方法（日常用か祭祀用か）などについて、各研究者の見解は混沌として揺れ動いていた。こうした状況で弥生式土器をめぐって、2ヶ月後の1902年3月以降に蒔田と大野を中心に論争となる。

　蒔田は豊島線の鉄道工事（田端－池袋間）により、田端停車場の西側の台地が横に掘られていた部分から、大小いくつもの竪穴（溝も含め報告した時点で24箇所）が確認されたとし、その竪穴の状態を観察する。竪穴には焼土や灰が存在するものがあり、一部からは貝も出土した。貝が出土することから、儀式のためとは思われないとする。また、土器はこれらの穴から破片で出土する。こうしたことから、「此の穴を以て或る儀式の為に造られ土器を埋めた如く考えらるる諸氏が多い様であるが故意に埋めた如く思われる一二の穴も有るが多くは自然に埋た事は地層に由て明に分ておる」（蒔田 1902b：p.234）。「猶今度此の穴の一部から貝の発見された事は確かに儀式のみに使用せられたもので無いことが証拠立てられる」（同：pp.234-237）「偖此貝は如何した物であろうか。石器時代の貝を弥生式土器と供に後世に打ち捨てたとも考えられるが其は地層の変化にもっとも注意せねばならぬのだ。予は此の貝が弥生式土器を使った人種に依て食された事を疑わないのである。地層が全く自

然で土器も破片のみを出す所を見れば確に其の当時の捨て場であったに相違ない」（蒔田1902b：pp.237-238、句読点とふりがなは筆者）として、遺物の出土状況を詳細に確認して（第10図）、儀式用途を否定している。では、当時儀式で埋められたとする考えが具体的にはどのようなものであったのか、については、同じ号に蒔田の論文に続けて掲載された大野の論文からうかがえる。

　大野は蒔田と同じ号の3月に詳細を記す（大野1902b）。大野は弥生式土器の用語は極狭い範囲に用いて、形状や紋様の如何に問わず同時代・同性質のものを埴甕と呼ぶことにした、とする。しかし、彼は弥生式の極狭い範囲の具体的な内容に言及していないため、その後の蒔田の批判を受けることとなる。彼は埴甕土器が住居である竪穴から出土したとはいえないが、古墳や横穴から祝部土器・瑪瑙曲玉・土製曲玉とともに出土したのは確実である。その土質・製作技法が埴輪に一致する。模様は幾何学的、形状も祝部土器と同意匠であるということから大和民族のもの、つまりは古墳時代のものであるとした。そして埴甕土器と同種の土器は伊勢大廟（内宮）、春日神社において現在も儀式として使用されていることから儀式用であるとしている。その参考として、坪井正五郎が1888年に伊勢神宮に土器を奉納する職人の仕事を観察した見学記を紹介して、埴輪や祝部土器との類似性を強調している。

　これに対して蒔田は、7月に

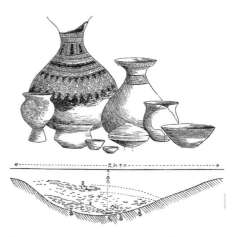

第10図　田端の遺物と出土状況（蒔田1902b原図）

反論・質問をする（蒔田 1902c）。その質問項目に便宜上番号を付していこう。蒔田は大野が竪穴から出土するのは祭器を打ち捨てた場であるとする考えに対して、すでに述べているように、自然に埋まった状態のものがほとんどであるとする。①仮に弥生式土器が祭器であるならば、そうした穴が大規模で数が多いことの理由と、その祭器を使った儀式はどのようなものかについての説明が必要ではないか。②弥生式土器が出土する竪穴を穴居跡としない理由は何か。③古墳から弥生式土器が出たのは確かだとするが、無花果形の胴部をもつ純弥生式土器とできるようなものは出土していない。純弥生式土器と古墳から発見される高坏・皿とは時間的な差があったのではないか。あるいは前者が実用品で、後者が祭器とは考えられないか。④土質・製作技術が埴輪と同じであり、模様も幾何学的であって形状も祝部土器と同意匠であるからこれが大和民族のものであるとするが、大和民族とは一種族をさすのか、多種族の総称なのか。⑤祝部土器と同意匠であるとするが、壺は祝部土器の多くが丸底であり、弥生式は必ず平底である。祝部土器には無花果形胴部のものや台付瓶形や石器時代土器のような細長い型式のものはなく、席紋を使うなど石器時代土器に類似する部分も多いがこれをどう考えるのか。⑥祭器は一回ごとに打ち捨てるのか。⑦祭器は一二回ごとに穴を掘って埋めるのか。⑧土器の内外面に煤が付着する理由は何か。⑨この土器を使った人びとは実用品として何を使ったか。金属器・木器のみで土器を使わなかったのか。土器を使用していたらどのような形状なのか。

　蒔田は観察に裏打ちされたことから以上のように大野に質問し[12]、取

12）　蒔田は、大野が安房国東長田の報告（大野 1900）で底部の木葉痕跡を延喜式にいう神饌に供するあるいは酒を受けるために用いる柏葉と想定し、そこからこの土器が神事の儀式に用いるとする考えに対して、「そうむずかしく解釈せずとも之は土器造り

りあえずは⑥〜⑨の答えを伺いたいと挑発する。そして「其で我々に結論とする所はこの多くの穴及土器が決して祭場祭器等であらざりし事は疑わないのである」（同：p.393）とする。

　大野は、蒔田の⑥〜⑨の質問に対して3ヶ月後の1902年10月に回答する（大野1902c）。⑥に対する回答は当時の諸大社で行われる祭神儀礼をもとに、一回の儀礼ごとに穴を掘り埋める。木器類は不敬とならないように焼く。竪穴から灰・炭があるのはそうした理由ではないか。⑦については1回ごとに埋め、蒔田邸のものは祭器にあたるが、貝殻と人骨の出た道灌山の竪穴は祭器にあたらない。⑧について煤は祭器とした時に付着し、炭は植物質のものを焼いて供に埋めるため自然と外面に付着する。⑨については、この土器を祭器に利用した人びとは、木器と朝鮮土器が使用されたとする。埴瓮土器は、儀式として用いられたと結論する。

　この回答に蒔田は承服せず、2ヶ月後の12月に再質問を行う（蒔田1902d）。⑥⑦の回答に対して、1回ごとに祭事が行われた場所の近くに埋めるとすれば、埋めた近くには社などの痕跡があるはずだが、私（蒔田）はその事例を知らない。大野が根拠とするのはどの事例か、明示してほしい。また、土器に実用の痕跡があること（胴部の煤の付着、底部の磨滅痕など）や、疑問にしている道灌山からは石器時代の貝塚同様に、貝と土器が大量に出土していることを報告している。このことは、弥生式土器が実用品であり1回ごとの埋納でないことを示している。さらに木器は不敬になるので焼かれるとするが、木器の方が土器よりも早く消滅（腐朽）するのに、なぜ土器は不敬にならないのか。もし土器が不敬になるならば、細かく砕くか祭器はすべて木器で作って焼却したほうがよいのでは

の時に底部が他のものと密着しない為」（蒔田1902c：p.392）に土器の底に敷いたのであり、石器時代の土器にもあると解釈しているなど、合理的に説明している。

ないか。⑧について祭器としての使用で煤が付いたとするが、実用品で
も付くことも事実であり、祭事か実用かの区別はできないはずである。
また、石器時代土器にも煤が付き祝部土器にはほとんどみられない。石
器時代土器も祭器とするのか。⑨の大野の回答を、弥生式土器が実用に
使えず実用の土器は朝鮮土器であると蒔田は理解し、そうならば石器
時代土器も（同じ素焼土器であるから使用に耐えられない）祭器としなければ
ならないはずだ、といった内容を述べている。そして、「以上云うが如く
我々は何処までも祭器として認めることが出来ない」（蒔田 1902d）とする。

　また、蒔田と大野が論戦している 1902 年の 5 月に八木は、1898 年に
上梓した『日本考古学』に、それ以後弥生式土器に対する研究が進んで
きたその見解を「弥生式土器と竪穴」として前編と後編を合本増補して
その間に所収して発表した（第 11 図：八木 1902）。内容的には 1898 年の自
身の論文の内容を要約し、新たに土器の形状および意匠をまとめてい

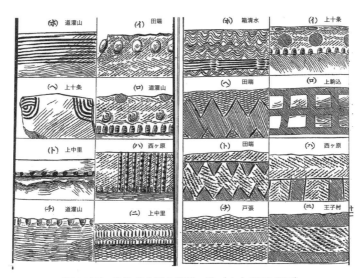

第 11 図　弥生式土器の模様一覧（八木 1902 原図）

る。この時点での八木の弥生式土器の定義は、「弥生式土器は概して薄手なるを常とす而して色は素焼土器と等しく［カワラケ］風成、勿論火力の如何によりて少しく黒味を帯びたるもあれど夫等は先ず少なき方なり、普通は刷毛目の如く細線を附して表面の［ムラ］を取るが常にて中には平なる篦の類いにて光沢を出せし品も少なからず、また斯かる土器には鉄丹を内外に塗れるもの有り、其他表面に模様を描きて更に其内の一部分を彩れるも有り」（同：p.6）というものであった。そしていくつか事例を挙げて紋様を整理する。「席紋及び浮模様其他網紋格子形の数種は凡て貝塚物に類し、三角は古墳貝塚両者に見る所なり、しかし、概して云わば古墳模様は此土器中割合に少なき方と知る可し、唯だ刷毛目の迹あるは尤も埴輪と相似たり」（同：p.8、ふりがなは筆者）としている。これは1896・97年の蒔田の定義と似た内容であったが、紋様の図を示した点でより理解が深まったといえる。

蒔田と大野の論争以後

この蒔田の再質問に対して、大野は7ヶ月後の1903年7月に伊勢大社、春日神社、熱田神宮などで祭器の調査を行い、現在行われている祭器類が埴甕土器に類似していること（大野1903）を説く。そしてさらに7ヶ月後の1904年2月に、蒔田が弥生式土器の特徴を整理する。彼は石器時代・弥生式・古墳時代の土器を比較し、まず器形について石器時代・弥生式には平底があり丸底が少ないが、古墳時代の土器はその逆である。石器時代には杯形台付（高坏か）・平底皿はないが、弥生式・古墳時代には存在することを示す（第12図）。そして、弥生式土器といっても石器時代土器と同様に地域によって多少の相違があるが、古墳時代の土器には地域差が少ないという現在では良く知られている事実をすでに述べている。

こうしたことから、「弥生式は丁度両方を連絡する中間物と云うて宜しい之は形式のみではなく模様の点に於いても三角紋様等は古墳に類し席紋の如きは石器時代に類する」（蒔田1904：p.188）と結論づける。蒔田の考察は終始一貫して、自らの観察を通して集成・比較して導き出された点に大きな特徴がある。しかし、当時の考え方の趨勢は大野の説に賛同するものも多かった。

例えばこの蒔田論文の直前には玉置繁雄が、蒔田の箱清水から出土した弥生式土器について、竪穴から多くは打ち砕いて放棄したものが出土し、木や籾殻の炭化物も出土するのは居住のための竪穴ではない。蒔田のいう製造所説も窯の痕跡や土器が数枚添着（破片が癒着か）して出土していることもないのであてはまらない。一方祝部土器と弥生式土器が同一場所から同時に出土することを前提に、祝部と弥生式の波状紋様が同じであり、形態も両者は似ていることから（第13図）、弥生式土器が祝部と同じく祭器であるとする考え方が提示されている（玉置1904）。また、同じ年の10月には山中笑（えむ）が、弥生式と縄文土器が一緒に出土する事例が少なく、底部に残る木葉痕が近世以前の香取神社使用土器に存在するなどから、大野の祭器説に賛同する考えが提出されている（山中1904）。蒔田にすれば玉置の説は標式となった向ヶ岡貝塚出土土器の席紋（縄文）を無視し、「曲線紋様があれば石器時代の実用品であろうとは予のみでない多くの人の持たる観念」（蒔田1902b：p.239）という当時のイメージが正しいならば、縄文土器の波状紋（例えば諸磯貝塚出土土器、八木1897）も検討すべきではないのか、といった反

	瓶形土器（平底）	同（丸底）	同 壺付（甲種）	杯形壺付（乙種）	皿（平底）	同（丸底）
石器時代	有	―	―	有	―	有
弥生式	有	有	有	有	―	有
古墳時代	有	有	有	―	有	―

第12図　各土器の比較
（蒔田1904原図）

論もしたいところであろう（第13図）。また山中に対しても縄文土器と一緒に出土する事実や木葉痕に関する蒔田の過去の論説を無視されていると反論したいところだったのではないかと推測する。しかし、蒔田は1904年の山中論文掲載の同巻同号に石器時代の石材をもとにした交通論を最後に、考古学の論文を発表しなくなる。岡本勇は、彼の病状悪化あるいは家庭をもった責任感が理由であろうとしている（岡本1985）。こうしたことに加え、理を尽くして説明・質問したことの反響が理不尽な回答であったことに、化学の勉学にはげんだ蒔田には受け入れられない世界と感じたからかもしれない。

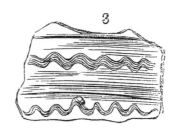
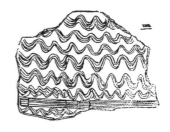

第13図　祝部土器（8）と
弥生式土器（二）の波状紋（玉置
1904 原図）・諸磯貝塚出土土器（下）
（八木 1897 原図）

蒔田が沈黙したのち、1906年に八木がN.G.Munroの依頼を受けて神奈川県南加瀬貝塚の発掘を行う。この南加瀬貝塚は蒔田が1904年に水谷幻花・江見水蔭らとともに行った遠足会（実態は発掘）で訪れた場所であった（南加測貝塚については浜田・山本 2017 参照）。調査したその報告で八木は弥生土器が石器時代土器と古墳出土の土器との中間的な様相を呈しているので、「中間土器」の名称を提唱する。「器物其物の実状が石器時代の土器と古墳時代の土器との性質を兼有せる所あり、随って民族論の如何を別としても斯く命名する事の適当なるにより余の新たに選定して弥生式土器の名詞に換え用いんとする所以な

り」（八木 1906：pp.52-53）とする。これは先述した 1902 年に考察したこと
を基礎にして、石器時代土器の貝層の上に弥生土器を出土する貝層が存
在した南加瀬貝塚の発掘成果が加味されていた（浜田 2018 参照）。そして
大野の埴瓮土器について、「元来瓮と云えるを主として甕及び壺の類い
をさせる古語」であるから「斯る狭義の語を以て弥生式の総称に代えん
とするは宛も皿も云う語を以て瀬戸物の名に擬せんとするに等し」（八木
1906：p.55、ふりがなは筆者）く、埴製あるいは埴焼土器と称すべきであると
批判する。

　これに対し大野は翌 1907 年に埴瓮土器は古墳だけではなく、現在の
祭神儀式でも使われていることを八木氏らが無視しており「古来より用
いられたるこれらの記事を視ると決して中間土器などゝ云う様な不都合
極まる文字を用いないでもよかろうと考えらる」（大野 1907：p.357）と反論
する。

　この大野に対して、「中間土器」の共同提唱者であるマンロー（八木
1907a：p.142 参照）は、「埴瓮なる語は単に粘土製の瓮と云う意義あるのみ
にして齋瓮又は石器時代土器よりも之を区別するに足る程の意味ある言
葉に非ずと思う」とし、「中間土器なる名称を採用せんとするは此の語
能く土器の性質をあらわせばなり」「此語は能く大和民族の古墳土器と
石器時代の土器との中間に位するものを表すに適せりと思う」と反論し
ている（マンロー 1907b：pp.448-449）。ただし、この場合の「中間に位する」
とは時間ではなく、中間的な民族という意味であったことに注意しなけ
ればならないだろう。

　こうした批判があったが大野は 1909 年に、伊勢神宮境内から齋瓮土
器が掘り出され、明治初年に作られた祭器に使用された、と伝わるこれ
に類似する形の土器が存在することなどを加え、これまでの主張を繰り
返している（大野 1909）。

しかし、大野は1920年に考えを後退させる[13]。そして1924年に柴田常恵は、竪穴から石器や貝が発見されるのを見れば「日用の器物たりしは明白である」(柴田1924：p.202)と大野の考えに反対している。それ以降祭器とする考えの表明は少なくなる。そのうえで、従来通りに弥生式土器と古墳出土の素焼土器を区別せずに、「弥生式土器」の概念として進める研究方向(例えば、谷川1924、森本1933など、浜田2018・2022a参照)が、1930年代まで継続していく。

　弥生土器と古墳出土の素焼土器(土師器)を分けて考えるようになったのは、弥生文化と古墳時代が時間的に連続した異なった文化であり(山内1930・1932a～f・1933)、弥生土器は時間と共に変化し、その最後の段階の第6様式として土師器になるとする編年(小林1939)が登場することで、現在の理解に近づいてきたといえるのである(浜田2018・2022a参照)。

論争の教訓

　この論争は、貝塚土器と祝部土器とは異なる弥生式土器をどのように位置づけるのかというものであった。先述したように現在の見解に近づくのが1930年代の弥生文化を古墳から独立させ、さらに弥生式土器編年研究が本格化する以後であったが、この理解に近い蒔田の考えが論争当時なぜ受け入れられなかったのか。最後にその理由を考えておこう。この問題の背景には貝塚土器・弥生式土器・祝部土器は製作した民族が

---

13)　大野は次のように回顧している。「それで整理上何か適当の名称を用いたいようになりて、私等は埴甕という名称を用い来り折るけれども、矢張り以前の弥生式が解り易く、誰でも一般に早く知らるる方がよろしいと思うから、強て名称を改めることは好まない、故に余り重きを措かずしておる」「私は祭器説を称えておるけれども、今日総ての物までを云う訳では無く、多くは祭器用になしたものであろうと云う仮定で、殊に私の言う弥生式は、中世期時代の間に用いたものを多く手にかけておるのであるから、最初の時代とは稍や進むであるように観ることが出来る」(大野1920：pp.317-318)。

異なるという前提があり、弥生式土器の範囲を土師器まで広げたことによる混乱があった。では、なぜそのようなことを前提としたのであろうか。

それには『古事記』や六国史など古典籍によって導かれた考え方があり、国家神道としての祭事が身近に存在していたことが、大きな原因であったことは確かである。文様が少なく素焼である弥生式土器は、神道行事で利用される「かわらけ」と似ており、同様の用途であると推測されたのである。

しかし、この論争を通して現代の考古学を実践する私たちが教訓としなければならないことは、当時の学問が置かれた社会背景の確認ということだけではなく、そうした中にあって現在の学説に近い考え方を導き出した蒔田は、どのような視点や方法をとっていたのか、ということであろう。まだ科学的な論理思考が定着していない段階であったとはいえ、蒔田の証拠を掲げその証拠に基づいてどのように解釈したかを記述していく態度は、現在の考古学研究に通底する。この方法で導かれた蒔田の説は現在でも検討すべき内容であるといえる。このことを弥生土器規定論争は教えてくれるのである。しかし蒔田の考え方を実証するためには、土器の時間的な変化が確認される必要があったことを忘れてはならない。それは昭和戦前の1930年代以降のこととなる。

Chapter 3

弥生竪穴論争

弥生の竪穴は住居か

☰ 概　要

　本 Chapter では、竪穴の用途についての論争を解説する。

　竪穴は縦穴とも表記し、地面に縦方向に掘られた穴一般を指す用語である。人類は、これまで地面に多くの土地改変の痕跡を残している。現在でも何かの目的をもって地面に穴を掘る。建物や電柱、標識などの建替などで日常「掘削作業」を目にすることは珍しくないであろう。

　弥生時代にあっても、さまざまな大きさや形の穴が掘られた。しかし、それらの竪穴がどのような目的をもって掘られていたのか、ということを特定することは、意外に困難なことなのである。人骨が乱されずに出てきた場合は墓穴と認定できるが、貝塚などの一定の条件でなければ骨は残らない。大多数の竪穴は土器の出土も少なく、掘られた時代や時期を推測するのも困難なのである。

　そうした竪穴の用途、とくに住居に使用されたという考えは、当初石器時代（縄文時代）の竪穴を探ることから始まり、それが次第に弥生時代の竪穴にも適用されてきた。また、住居と異なった種類の竪穴も発掘調査で検出されるようになった。竪穴はどんな目的でつくられたのか。それが論争を通じてどのように解釈されてきたのか、を解説する。

　なお、付編として弥生竪穴論争を踏まえて、「竪穴建物」について筆者なりの考え方を示しておく。

住まいをめぐる論争：「穴居論争」

　石器時代の人びとはどのような所に住んでいたのかという問題は、考古学研究の初期の段階から存在する。研究の開始期である明治期には、貝塚の近くに横穴（現在の知識では古墳時代の横穴墓）が存在し、しばしば土器や骨が出土することから、ここが当時の住居だという認識があった（例えば黒川 1879、富士谷 1883、なお穴居論争については浜田 2006・2018 参照）。しかし、この考えに対して、1884 年に福家梅太郎が貝塚の近くに横穴は存在しないことを指摘する（福家 1884）。そして 1886 年に坪井正五郎が貝塚からは石器、横穴からは鉄器が出土するとして、貝塚を作った石器時代の人びとの住まいが横穴であることを否定した（坪井 1886）。ただし、坪井は横穴が鉄器時代（古墳時代）の住居でもあり墓でもあったとして、基本的には住居であったと考えている（坪井 1887b）[1]。そして横穴に住んでいなかった石器時代人は竪（縦）穴[2]に住んでいたとする（坪井 1888・1890）。石器時代人は竪穴に住み、鉄器時代（古墳）人は横穴に住んでいたとする考えがここに表明される。後者の横穴穴居説は横穴が住居ではないとする白井光太郎らとの間で意見が分かれ、これが 1888 年以降に論争に発展した。この「穴居論争」は、現代的にいえば古墳時代の人びとの住まいをめぐる論争であった[3]が、この論争の過程で石器時代の住

---

1)　坪井のこの考えは、黒川真頼の横穴に住んでいた人はその住人が死んだ場合、その横穴に葬られるとした説（黒川 1879）を下敷きにしている。

2)　この当時「竪穴」と「縦穴」は併用されている。「竪穴」の用法は坪井（1887a）が初見であろう。「縦穴」は、神風山人（白井光太郎）などが使用（神風 1888）している。

3)　「穴居論争」はその後、横穴が居住に適さないという意見が出されていく。例えば小川敬養は横穴の入口が狭く天井が低いので、白昼でも灯火がなければ生活できないし、狭い空間で起伏することは想像できないとする（小川 1888）。山﨑直方は造り付けの石棺があることから墓である（山﨑 1888）といった意見が代表的なものである。1899

まいが竪穴であったことが強く意識されるようになる。

　竪穴が住居であるという認識は、すでに 1882 年に白野夏雲によって示されていたが（白野 1882）、1884 年には渡瀬荘三郎が北海道に土器の破片が出土する竪穴が存在することを報告し、これがコロボックルつまり石器時代人の住居であると推測している（渡瀬 1886）。坪井正五郎も自ら釧路近傍の竪穴を埋めた土から土器の破片が出土することを確認し、「即ち石器土器を作り貝塚を遺したる人民は竪穴に住居したと云う事を信じます」（坪井 1888：p.391）と 1888 年に報告している。「穴居論争」や「石器時代人種論争」では論敵であった白井光太郎（神風山人）も、石器時代人は竪穴に住んでいたとする（神風 1888、白井 1889）ことから見て、この頃には石器時代には竪穴が住居であったことは基本的な考え方であったといえよう。しかし、この後、とくに弥生文化の竪穴は住居なのか、という根本的な問いかけがなされることとなる。それを最初に示したのが、蒔田鎗次郎の報告であった。

竪穴とは何か：弥生竪穴の性格論争

　蒔田は、1896 年に自宅の庭から弥生土器が出土したことを報告する（Chapter 2 参照）。彼は弥生土器が出土した竪穴断面を図で示し、近隣の田端道灌山遺跡、王子村亀山遺跡の断面も合わせて報告し（Chapter 2：第 4 図参照）、「殆ンド石世期ノ住居ノ如ク地下ヘ少シク掘リ込ミ之レニ建物ヲナシテ住ヒタルモノカ」（蒔田 1896：p.324）と述べ、石器時代の竪穴と同じ住居であることを想定する。そして、穴の大きさが定まっていないのは居住する人数によるものであり、近傍に複数の穴が発見されることか

年の段階では穴居か墓穴の区別がつかないとするが（八木 1899）、1906 年では「横穴は決して住居にあらずと説けり、今日斯学者間には葬穴説専ら行わる」（八木・中沢 1906：p.237）としている。しかし、坪井は 1895 年以降、横穴穴居説をだしていないので、この時点で葬穴であったと判断されていたといえよう。

ら、集落（彼は部落とする）を形成していると述べている。つまり、蒔田はこの竪穴が石器時代のものと同様に住居であり、複数発見されることから集落が存在していたとするのである。この考えは穴居論争の過程で北海道や青森において、石器時代の竪穴が密集して確認されていた（例えば坪井 1893b、佐藤 1898）ことと無縁ではなかったと推測できる。

　これに対して大野延太郎（雲外）は、千葉県東長田の弥生土器（現在の認識では土師器）は勾玉や土製品と一緒に出土していることから祭祀の道具であるとし（大野 1900）、「埴瓮土器」（Chapte 2 参照）が出る場所は「住居とした竪穴とは大に趣を異にして居て彼此同一視すべきでは無いと考えます。住居たる竪穴から彼の土器が出たとは云い兼ねますが、古墳から横穴から出たと云うのは慥かな事実で有ります」（大野 1902b : p.241）として、住居である竪穴からの出土を否定する。大野は弥生土器を含めた埴瓮土器が、現代の神道に通じる祭祀的な利用がされたと推定しているため、竪穴は祭儀用であるという持論があった。しかし、「住居とした竪穴とは大に趣を異にして居て彼此同一視すべきでは無い」と考える根拠を示していないため、この後、蒔田鎗次郎、八木奘三郎との間で、竪穴の性格をめぐる論争となる。

　弥生土器を伴う竪穴を住居と想定していた蒔田は、1902 年 1 月に長野市の箱清水での調査で、竪穴から石器が複数出土して、これを土器製作のために使用したと推測し、竪穴内から炭・灰が出土することと合わせて一部の竪穴は「土器製作場」であることを提唱する（蒔田 1902a）。しかし同年 7 月に大野との土器規定をめぐる論争（Chapter 2 参照）のなかで、再び住居説をとる[4]こととなる（蒔田 1902b・c）。蒔田は大野の弥生土

4）　土器製作については、1905 年に大野によって弥生土器と石器が一緒に出土したことはなく、箱清水の事例は石器時代の混入であるとする考えから否定されている（大野 1905）。しかし、石器との共伴はその後の 1908 年に愛知県熱田高倉貝塚の出土によっ

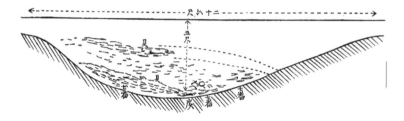

第 14 図　田端道灌山遺跡の竪穴（蒔田 1902b 原図）

器は祭器に使用したとする考えに対して道灌山から出土する竪穴（第 14
図）を事例に、「猶今度此の穴の一部から具（貝の誤植：筆者註）の発見さ
れた事は確かに儀式のみに使用されたもので無いことが証拠立てられ
る」「偖てこの貝は如何にしたものであろうか石器時代の貝を弥生式土
器と共に後世に打ち捨てたとも考えられるが其は地層の変化に最も注意
せねばならぬのだ予は此の貝が弥生式土器を使った人種に依って食せら
れた事を疑わないのであるなぜなれば地層が全く自然で土器も破片のみ
を出す所を見れば確かにその当時の捨場であったに相違ない」「其から
人骨の発見されたことだ（中略）埋たとしてもこれは或る儀式の為にせ
られたとは思えない貝と共に発見せられるなぞは余り無造作な仕方で
あろう」（蒔田 1902b：pp.237-238）として竪穴の祭儀説を否定する。そして
「故意に埋めた様な二三の穴も有るが多くは自然に埋もれたものと思う」
「祭器を打ち捨てた場としては余りにも多いのみならず如何に儀式とは
いへ捨てる度に一々大穴を掘って埋めるとは余り入念の入り過ぎた仕事
ではあるまいか」（蒔田 1902c：p.390）と疑問を呈し、竪穴は「住まわれる
丈の大さを持っていれば能いのであろう」「陸奥国西津軽郡森田村の竪
穴に就いては大いに考え可き事である穴の大さ及深さに於いても大差な

て確認されることとなる（鍵谷 1908a・b）。

く発掘の結果此の穴から直径凡八寸高一尺程の弥生式土器を得られた且つ其と伴うて焼け土、炭、灰、及び石塊などを発見された此等の諸点は能く道灌山の穴と一致する所で決して関係ないものとは思えぬ氏はこの穴を以ていかんとなすか願わくは穴居跡と見られない丈けの特徴を挙げてもらいたい」（同：p.391）と述べ、弥生土器を出土する竪穴が住居であると再規定した。

　この問題に対して大野は、同 1902 年 10 月に以下の様に反論する。大野は蒔田の質問をリライトし「（第二問）其の用いたる祭器は一二回毎に穴を掘りて埋めたるものか（道灌山には余り多く打ち捨てられたる例を発見せず）或いは祭場に此の穴を用いしか」と設定し次のように答えている。「一回毎に埋むるなり、穴は祭場に用いたるものではなくて、埋めし場所と思われる例多し、道灌山の遺跡は外の場所と違いたる点有りて、あるいは種々混交せし傾きあり、貝殻と人骨と同じ発見せし場所の如きは大に疑問であります。余が最も重きを置く例は貴家邸内の遺跡でこれは正式の者とみて差支無し」（大野 1902c：pp.17-18）として、蒔田の邸宅で発見された竪穴は祭器を埋めたもので、蒔田が住居とした道灌山は祭器を埋めた場所かどうか疑問であるとする。人骨が存在する穴を、祭器を埋めた穴とはできなかったのであろうが、その道灌山の竪穴がどのような性格であるのかについては、詳しい言及を避けている。

　蒔田はこれに対して石器時代 - 弥生式 - 古墳時代の土器の比較をして、大野の埴甕土器の概念に疑問を呈する（蒔田 1904, *Chapter 2* 参照）が、竪穴について触れたのは 1902 年が最後となった。以後、八木との論争となる。

　八木は、大野の記述と同じ年の 1902 年に再版された著作で「弥生式土器と竪穴」の章を設け、出土分類の中で弥生土器が竪穴から出土することを示した。そして、土器が包含された田端停車場上の切り割りに存

在する竪穴の図を示している（第15図）。ただし、「多きは数百個少なきは十余個位群集せるが如し」（八木1902：p.4）としているが、竪穴が住居であるとの判断をこの時点では保留している。

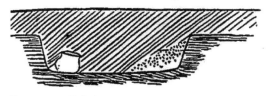

第15図　田端停車場上の竪穴断面図（八木1902原図）

　また、すでに1898年に八木が弥生土器は竪穴から出土することを報告していた（八木1898）が、大野は出土地を「平地」「貝塚」「包蔵地」として、竪穴を挙げていない（大野1902a・b）。このことについて八木は「此土器の出づる箇所は竪穴・貝塚の二様ありて其中の貝塚は弥生式土器の使用者が其近傍若くは石器時代の貝塚の上に住居せしたる混乱せるやも知れずとの意味を記述せられたり、故に当時氏の遺跡と認めたるは住居迹なる竪穴に外になしとの結論に達する訳なり」（八木1907b：p.187）として、竪穴が住居であり、そのことは大野も認めていた、あるいは認めざるを得ないはずであると批難している。

　これに対して同年に大野は八木が批難した住居であるか否かについては論評せずに、丹後地方で砂浜の包含層から埴甕土器が出土したことを事例に、埴甕土器は包含層から出土することを強調する（大野1907）。この考え、つまり埴甕土器を出土する竪穴は住居ではない、という結論は彼の終世の持論となった。しかし、大野は石器時代の住居は竪穴であることを認めている（大野1918・1926）ので、埴甕土器を出す竪穴が住居でない根拠は、結局土器が祭器であるという仮定が前提にあり、これに文献に示され現状も行われている神道儀礼を重ねて論拠としているといえる。また、竪穴に住まないと想定する埴甕土器の人びとの住まいが如何

なるものであったか、ということについては論及していない。

　大野のこうした判断は、各地での竪穴に対する研究の推進によって次第に否定されるようになっていく。

竪穴とは何か：「住居論」

　1900年前後に論争された竪穴の性格については、次第に「住居」としての意味づけが論じられてくる。

　例えば1905年に発掘調査が行われた神奈川県三ツ沢貝塚群の南澤貝塚から赤色粘土（ローム層）の「地盤粘土層には所々に穴ありて且焼土木、灰及之を取り囲む数戸の石の存在するが故に当時の住民は此層上に於いて生計せむ事明らかなり」（マンロー1907a：p.352）とする。翌年発行した『Prehistoric Japan』にも「This was recognised by a circle of stone to confine the fire, the presence of ashes and charcoal and especially by the terracotta colour of the underlying burnt soil」（Munro 1908：p.64）とあり、住居（dwelling）と考えている（第16図）。この時点で竪穴であるかは明言していないけれども、灰・木炭が入る炉の存在を住居の証拠としている。

第16図　三ツ沢貝塚の住居写真（Munro 1908）

　また1917年には神奈川県南加瀬貝塚の断面に現れた竪穴から、吉田文俊が次のような考えを表明する。「当時同地に参りました際に実に現代学会の疑問とせらる、所謂彌生式土器を具う貝層の下部に於て当時の住居跡竪穴遺跡を発見したので

ある」（吉田 1917：p.161）。
「中央には（水に消磨せら
れて滑らかになりたる河原の
自然石）拳大のゴロ石数
個を微細なる木炭を含
める稍〻厚き灰層とと
もに発見したのである
が、是は焼燼（燃えさし、
おき）等を保持する為め
に用いられたもので竪
穴中の炉場跡である」
（同：p.163）。竪穴が住居
であることは「竪穴敷
地の外の所より硬く固
まって居る事、炉場跡

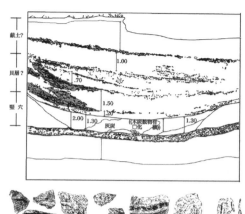

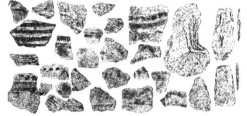

第17図　南加瀬貝塚の竪穴断面図と出土土器
（吉田 1917 原図、土層図は浜田・山本 2017 トレース図より）

の遺って居る事など」（同：p.164）から推考しているように、炉と現在の
床の硬化面に着目した判断であった。彼は竪穴の図と出土遺物を図示し
ている（第17図）。それによると竪穴の上の貝層中から弥生時代中期後半
の宮ノ台式土器、竪穴からは布目痕ある底部破片（ただし、提示された写真
は不鮮明で確認できない）が出土しているという。

　また、1915年に福岡県雑餉隈駅周辺の掘割式の道路の断面に、いく
つかの弥生土器を出す竪穴を見つけた中山平次郎は、これらの竪穴が東
京の道灌山遺跡（第14図）の竪穴と同種の遺跡であり「此地域に往昔竪
穴に居住した民族の一部落を存せしなるべし」（中山 1916：p.17）とする。
しかし、一方で中山は福岡県岩崎で焼米を出土した竪穴を観察し、「側
壁下の隅角部に於いては土色が他と全く相違し此部には斜に堆積した形

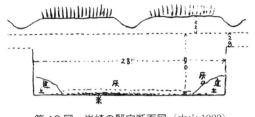

第18図　岩崎の竪穴断面図（中山 1923）

に濃赤褐色の焦土があった」「向かって右側の焦土の上には一塊の灰（写真に稍〻白く見ゆる小塊）が乗っていた」「その昔この竪穴の小屋が火災に罹ったと推定され、焼米を覆うて居た灰層は元来屋根抔の残灰であるように思わしめた。おそらく小屋が焼けた後、竪穴は尚一定時間穴として存して居たのであろうが、長き歳月の間に逐次周囲の土壌がこれを埋め、これと同時期に弥生式や石片抔も転び込み、終に今日見る如き状態になったように推察せしめた」（中山 1923：pp.13-14）と理解をして、竪穴に建物（上屋）を想定し、その埋没過程を示した（第18図）。中山は岩崎の竪穴を住居と断じておらず、むしろ貯蔵用の竪穴であったと考えていたのかもしれない。いずれにしても中山の竪穴の埋没状況の説明は、蒔田が想定した自然埋没であるという意見とともに、大野の弥生土器出土の竪穴は一回ごとに掘り埋めていく、つまり人為的な埋没という考え（大野 1902c）の反論になっていた。

住居としての弥生竪穴

　ここまでをまとめると、1920年代前半まで竪穴は住居なのかという問題に対して、北海道や東北地方に埋まりきらない周堤をもつ竪穴があり、そこから石器時代の土器や石器が出土するので、石器時代の竪穴は住居であるとした（例えば坪井 1888・1890、マンロー 1907a など）。一方、古墳時代は家形の石棺・陶棺・埴輪・横穴の家形形状などから、高床の建物であると推定されていた（例えば八木 1899、八木・中澤 1906）。そうした意見が出されているなかで、弥生土器を伴う竪穴が住居であるかについては、

この段階でも定まっていなかった。それが大きく動くのは、弥生の竪穴は住居であるとする考えが議論されはじめた1920年代後半であり、縄文土器を出土する「竪穴住居」との比較のうえで、弥生土器を出土する竪穴も「住居」と推定していくようになる。

　柴田常惠は竪穴住居の先駆的な報告において「竪穴住居は敢て石器時代のみに限るべきものにあらず」（柴田1927：p.19）として、東北での竪穴から土師質や須恵質の土器、鉄製鐔、鉄滓などが出土するので、後の時代まで使われたことを述べる。そして「越後の中頸城郡斐太村大字雪森にも多数の竪穴があって塹濠を繞らせる工合があり、竪穴の内部からは、灰や炭の外に、土師質の土器を出せし（中略）此種の竪穴も広く捜索すれば、各地より発見の事実を聞くに至ること〻思われ、既に九州方面にはその存在が知られて居る。（中略）先年田端の停車場上に於いて山手線の鉄道工事に弥生式土器を掘出した場所も、今にして考えれば竪穴住居の阯と察せられる」（同：p.22）と述べる。

　文中の「斐太（ひだ）」は現在の弥生時代後期斐太遺跡、「九州方面」は雑餉隈、「田端の停車場上」は蒔田・八木が報告した事例であろう。柴田は「されば我等の日本人の古い時には竪穴住居の風が行われ、弥生式の頃より引続いて割合に長い期間で、少なくとも古墳築造の風ありし後までに及びしものである」（同：p.23）としている。この当時縄文・弥生・古墳の各文化が完全に独立した時代であると考えていない研究段階を差し引いても、柴田は弥生の竪穴は「住居」であると考えているのがわかる。そのうえで弥生土器や土師質・須恵質の土器を出す竪穴の特徴を現代的に述べれば、平面形（円形・楕円形・方形）、範囲（径二三間〜六七間）、深さ（二三尺〜三四尺）、土塁（築くものあり）、炉（石組、地床）、炉位置（中央あるいは片寄る）、床（固めたものはあるが、敷石はない）とまとめ、石器時代の住居とは趣を異にしているとする。柴田の考察によって弥生の竪穴も「住

居」であることが、研究者の間で理解されるようになったといってよいであろう。これによって、大野が唱えた弥生竪穴は祭祀に用いられたとする考えは、ほぼ否定されたといえる。

　この時点で竪穴を住居だとするポイントは、弥生土器の出土、炉の存在、硬化した面（踏みしめた結果）を床とする、ことである。

竪穴の用途論

　しかし、竪穴には住居以外の用途も想定されていた。

　1927年に東京久ヶ原の竪穴を調査した中根君郎と徳富武雄は、掘割道路によって現れた竪穴の断面を調査し、竪穴に凹穴がありここに焼灰が硬くなって堆積している。また土器も多く出土することから竪穴住居である可能性とともに、土器を焼いた場所であるという推測もできるとする。その場合、「炉と思わるゝ所の焼灰は土器をやいた時のものであるかも知れまい」（中根 1928：p.44）ととらえたのである。東京付近の弥生竪穴は「竪穴に住居し、土器を制作」（中根・徳富 1930：p.47）したという考えは、久ヶ原遺跡の報告のなかで、変わらない姿勢であった（他に中根 1927、中根・徳富 1929a・b）。また、細長い穴は柱を立てた穴であることを指摘している。

　こうした状況のなかで、同じ久ヶ原遺跡を調査した片倉信光は、1931年に 67 個の竪穴を確認しその特徴を整理する（片倉 1931）。片倉は竪穴内部の様相について、a. 底部（床面のこと）は平らで堅いものと掘りっぱなしのものがある、b. 溝（壁溝）を有するもの、c. 柱穴を有するもの、d. 炉趾を有するもの、e. 焼土其他を有するものに分け解説する。そのなかで底の堅いのは人に踏まれたか否かによって二つに分かれ、前者が住居、後者が物置・倉庫と考えている。柱穴とするものは幅 30-40㎝、深さ 50-70㎝で、壁から 1.5m 離れたものを掘りあげて、その底にロームと

黒土を混ぜた土が堅く
なっている点を、柱を
受けるための構造とみ
て、柱穴と判断したも
のであった。また、炉
と焼土を有する竪穴中
に、土が焼けて赤褐色
を呈する部分があり、

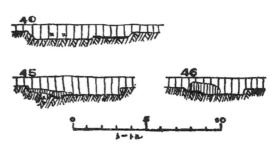

第19図　久ヶ原遺跡の竪穴断面図（片倉1931原図・部分を筆者改変）

そこは火を焚いてできたものと判断した。5cm以上の厚みをもっている
ものなどは長い間火を焚いたと推定し、炉と判断している。この炉はさ
らに、住居用の炉と工業用の炉に分類できるとした。

　住居としての炉は竪穴中央部に幅約30cm、厚さ10cmほどの範囲で焼
土があり、灰・炭などが上部に存在するものととらえている。工業用
の炉としたものは、焼土・灰・木炭・藁炭などが広範囲（例えば竪穴第40
号では厚さ約20cmの盛り上がりが3mの範囲にあり、その中に焼土や木炭などが10cmほ
ど確認される）にあり、土器の製造などに使用された痕だと推測するもの
である（第19図）。その裏付けとして、全形がわかる土器が4・5個体出
土していることを挙げている。竪穴第46号では灰でできた塊が厚く存
在し、その内部は軟弱な土であり、その土を取り除くとそこだけ空洞
となったとする。片倉は明確には述べていないが、これを「窯」と見
立てたと考えられる。片倉のこうした竪穴の調査と観察を通して推測
した結果は後に否定されることとなるが、当時の判断の基準がどこに
あるのかを明確に示していることは重要である。

高床建物の指摘

　こうした研究に支えられて、森本六爾は弥生の竪穴について1934年

第20図　大橋氏銅鐸拓本（森本1934f原図の部分）

に概略、1935年に総括を試みる（森本1934b・1935）。後者の文献では、この時点で弥生の竪穴は前期〜後期、九州・近畿・東海・関東で確認されるとし[5]、「勿論、この竪穴には、人の住むべき家の外に、貯蔵の穴蔵（例えば籾を蓄えるもの）、工房（アトリエ）等もあったことは否定し難いことでその実例も出ています」（森本1935：pp.57-58、ふりがなは原文）とする。貯蔵の穴蔵の実例について明示しないが、中山が報告した岩崎の竪穴を想定しているのだろう。工房については久ヶ原遺跡の事例から判断しているので、中根・徳富・片倉の意見を参考にしているのは間違いない。これに加えて、森本が調査した荏原郡調布村大字下沼部小字堀廻（現東京都大田区田園調布二丁目）の埴輪や粘土が出土した竪穴（森本1930a）を、道を挟んで存在するとした焼成窯と対をなして、埴輪製作址としていることが、弥生文化の竪穴を工房とする根拠になっているであろう（この

---

5)　森本は文献を明示せず、大阪府国府遺跡、奈良県新澤遺跡、東京都久ヶ原遺跡以外の具体的な遺跡名も述べていない。「前期の遠賀川式遺跡」「須玖式の遺跡」「静岡県で発見された竪穴」の表記だけである。森本没後の論文集には、小林行雄が「編註」として、筑前国東郷町田熊遺跡、筑前国比恵の竪穴群、駿河国金岡村東澤田漆畑竪穴がそれぞれ該当するとの記載がある（森本／坪井・小林1938）。このうち比恵の竪穴群は、森本の文章以後の1938年に調査された遺跡である（鏡山1941・1956a・b）。

ことについては後述する)。

そのうえで大橋氏銅鐸の高床式
の絵画（第 20 図）[6] や鳥取県出土の
家形をした弥生土器をもとに高床
式の建物も住居として存在してい
ることを指摘して、竪穴以外の住
居址の存在を論じている。銅鐸は

第 21 図　唐古遺跡出土の高床建物が描か
れた土器拓本（末永・小林・藤岡 1943 原
図の部分）

長らくどの文化に帰属するのかが定まっていなかったが、1920 年代前
半（大正期）には銅剣銅鉾と同時代で弥生文化に伴うことが理解されて
きた（例えば高橋 1923、森本 1931）。こうした新たな資料の出土や解釈によっ
て、竪穴以外の住居の存在も指摘されはじめたのである。

　竪穴住居の問題を前進させたのが小林行雄である。小林は久ヶ原遺
跡の竪穴を例に、柱穴と考えられる 4 つの穴がある、床が平坦に踏み
固められている、竪穴の中央に床土が赤く焼けた凹みがあるのを炉と
考える。そして唐古遺跡の竪穴には土器・木器が出土し、床には網代
と見られる敷物が残っていたことを指摘した。小林はこれらの諸点を
踏まえて、「住居」と認定している（ただし、これらの竪穴は後述するように現
在は「木製貯蔵穴」「井戸」と認識されている）。そして、森本同様大橋氏銅鐸絵
画をもとに、「東夷の国々には奈良時代に入ってもなお竪穴住居の行わ
れていた半面において、西の地方では弥生式時代に既に高床建築に移
行したと考えることもあながち不自然ではあるまい」（小林 1938：pp.335-

6)　森本は前年の 1934 年に銅鐸面に鋳出された絵画について論じており、大橋氏所蔵の
伝香川県出土銅鐸の拓本を載せている。しかし、この拓本にある高床式の建物には触
れておらず（森本 1934a）、註 5 で触れた小林が編註で大橋氏銅鐸に触れている。また、
家形をした弥生土器についてもその具体的な資料に言及はないが、小林の編註で伯耆
国東伯郡舎人村船ガクレ発見の資料（梅原 1934）であることがわかる。

336）とし、近畿地方以西では竪穴と高床の二つの住居が存在していたと考えている。ただし、森本同様、竪穴を住居とすることを否定したものではない。

住居用竪穴と貯蔵用竪穴

こうしたことを前提に唐古遺跡の報告において、小林行雄は一つの結果を述べる[7]。

小林は低湿地に造られた唐古遺跡では 100 軒を越える竪穴が確認されたが、これについて大（六尺以上）、小（三、四尺）の規模にわけられることを前提にして次のように述べている。「今此の両者の竪穴類の性質を比較して見るに、前者は古代人の起居に適する大いさ〔ママ〕を有し、その内部において各種の器物を取扱い、食料を保管し、かつまた火熱を用いるなどの生活の拠点となった明証を有していて、広い意味での住居の遺構と認めえるであろう。（中略）しかるに後者はその大いさから推定しても、人びとの作業や起居の場所に当てられたものでないことが判断せられるのである。かかる小型の竪穴内に納められた土器は、その中に、桃の核などを入れた例があるほか、主として壺形土器に限られている点から、この竪穴の目的もまた、食物を容れた土器などを収納するにあったものと考えられる。（中略）これが墓壙の類でないことは、同一条件下にある他の竪穴に獣骨類がよく保存せられているにもかかわらず、これには骨片だに遺存するものが無く、まして火葬の形跡もないことから断定し得るであろう」（末永・小林・藤岡 1943：pp.234-

---

7）　唐古遺跡の報告書は、小林によって全面的に書き改められたとされる（穴沢 1997）。報告書の「遺跡の状態」「後論・遺跡に関する考察」が末永、小林どちらの執筆によるものか不明である。しかし、様式の時期ごとに記述しているスタイルや記述内容から、小林の筆によると判断した。

235）とした[8]。さらに第二様式土器を出土する空洞の巨木を埋め込んだものを、奈良・平安時代の坂井を参考に「井戸」であるとした（このことは後述する）。久ヶ原遺跡・唐古遺跡の調査によって、竪穴に「住居用」「貯蔵用」「井戸」の三つがあるとした。そして、唐古遺跡の第4様式土器に高床建物（小林は「高床家屋」）が描かれており、第5様式の住居用竪穴の検出が少ないのは、この段階に高床建物が一般化した結果に求めることができるとした。

　小林の想定は以後の研究でも引き継がれ（例えば樋口1939、後藤1941a、三森1941）、戦前における弥生文化の竪穴の利用法、住居の在り方の標準的な考え方となり、それは戦後へも引き継がれていくのである（例えば小林1951、和島・田中1966、石野1990）。

　では、蒔田・中根・徳富・片倉・森本たちが想定した、土器製作の場所としての竪穴という説は、どのように展開していったのだろうか。

土器製作と火災住居

　竪穴が土器製作の場であったとする考えの根拠として、蒔田は磨滅痕のある石器と共伴していることを挙げ、中根・富岡・片倉は竪穴内に焼土・灰・木炭・藁灰などが堆積し、その竪穴から全形がわかる土器が出土していることから、土器を焼いた場所だとするのである。蒔田の考えはその後大野によって否定され（本Chapter：註4参照）、蒔田自身もこの考えを繰り返すことはなかった。

8）　その後遺跡の範囲が広がった唐古・鍵遺跡の調査によって、これらの竪穴は木器貯蔵穴であるとされ、大きいもので4m、だいたい3m程度のものが多いという（藤田1987）。そのため、大きさから竪穴住居とするのは現在では無理がある。ただし、少ないながらも炭と灰の詰まった土坑（炭灰土坑）と壁の一部、柱穴の配置から考えた第65次SB-101（中期中葉）や、炭灰土坑と柱の残るピットの配列から想定した第98次SB-101（中期中葉）などのように竪穴住居とする遺構は存在する（豆谷2009）。

また、森本は中根らの検討に加え、先述した東京久ヶ原遺跡で柱穴のない竪穴から埴輪・粘土・焼土・木炭が出土し（粘土は埴輪製作の材料とする）、隣接する崖（掘割道路工事に伴う法面のことか）から、融着した埴輪破片が出土したとする（ただし、融着した埴輪破片は提示していない）。これらのことから、この場所を埴輪窯址の一部分だとして、「貧弱単純な竪穴内で埴輪の製作が行われた」（森本 1930a：p.238）と考えたのである[9]。竪穴から埴輪が出土したことは事実なので、この竪穴が工房だとする森本の推測は可能である。しかし、古墳時代および埴輪製作工房という時代と対象物の違いがあるからか、その後この竪穴を事例にして、弥生竪穴が工房だと推測することはなかったようである。三須田浩は埴輪製造趾と呼んで、古墳時代住居趾の一好例（三須田 1936）だとし、小林も古墳時代の住居址として扱っている（森本／坪井・小林編 1938：p.90 註 51 参照）[10]。

---

9)　森本はこの報告で埴輪が出土した遺構の写真 2 枚と朝顔型埴輪の写真 1 枚を掲載しているが、報告した埴輪出土の竪穴の図や重複する V 字形の溝、隣接する窯と土師器の竪穴の位置的な関係は文章で説明しているだけであり、この遺跡の理解を難しくしている。没後、坪井良平・小林行雄が編集した森本の論文集（森本／坪井・小林編 1938）で、森本報告の写真をすべて入れ替えて、「竪穴全形」「竪穴外部の溝状遺構」「竪穴内の原料粘土塊」「武蔵下沼部埴輪製作所址発見埴輪」の 4 枚の写真と「武蔵下沼部埴輪製作所址」「武蔵下沼部埴輪製作所址平面図」の 2 枚の図を加えている。こちらの方が理解しやすい。

10)　現代的な知見からは、製作原料の粘土が埴輪とともに存在することの整合性を説明することが難しい（東影 2021）。焼成以前の製品を作る製作場に、焼成された埴輪がなぜ存在するのか、という問題である。また、森本が竪穴の西方で調査した埴輪を焼いたとされる出土品が竪穴出土埴輪（5 世紀前半）とは異なり、より時期の新しい埴輪である可能性が高いことも指摘されており（寺田 2016・2017・2019）、森本が想定するような埴輪製作所と窯跡という関係を根拠とした、森本報告の竪穴が製作場であるとする蓋然性は低くなるであろう。融着したとする埴輪もその存在は明らかではない。後藤守一は森本が土器製造所、窯、登窯などと述べているが、その構造を明示されていない、と述べている（後藤 1941c）。

中根・富岡・片倉が推測した根拠は、竪穴から多量の土器が出土することや、焼土・木炭などが広範囲にわたり検出することが主なものであった。こうした状況を竪穴住居の火災による結果であるとしたのが、小林行雄であった。小林は中根らが根拠とした久ヶ原遺跡を例に挙げ、「竪穴住居には焼失して廃滅したものがしばしば注意せられ」（小林1938：p.335）るとして、中根らが解釈した竪穴内の焼土や炭化物の堆積を、土器製作に伴うものではなく、火災によって生成されたと解釈した。しかしこうした解釈にいたった根拠について小林は述べていない。これまでの小林の言説から、久ヶ原遺跡や唐古遺跡から焼土・木炭とともに出土した炭化材の中には、竹や細い木材がありそれを藤蔓などで組み合わせた状態のものが出土しているため、それを屋根材が炭化したものと考えていることが推測できるだけである。また、竪穴に焼土や木炭などが堆積している事例は、中山が一部述べているように、竪穴に上屋が存在していたならば、火災を疑うのが一般的ではあるだろう。現代の知見からも、土器製作の道具、土器の未製品（焼け損じ、高い温度の被熱破片など）が出土していないので、中根らが示した土器製作場所（工房）とすることは無理がある。小林は根拠を示して中根らの考え方に対して、正面からこの問題を否定したわけではないが、竪穴工房説は1938年の小林の考察以来、戦前にはほとんど見られなくなった[11]。後藤守一も中山が報告した炭化米を多量に出土した岩崎の竪穴を、積極的に住居とする理由はないと断りつつ、家（建物という意味か）の火事によって貯蔵籾が焼けたとした（後藤1941c）。

　こうした考えに支えられ、昭和戦前において弥生の竪穴には「住居」

---

11)　鏡山猛は、1941年に「構造上貯蔵庫或は工作場の如き推定を懐かしめる土工[ママ]も伴っているのである」（鏡山1941：p.53）と述べるが、その具体的なことには触れていない。

「貯蔵」「井戸」という三つの機能が存在することを想定することとなった[12]。「住居」は人が起臥できるだけの大きさを有している。炉が存在する。柱穴がある。土器などが出土することで認定している。とくに炉の存在を重く見る。この他に底面が堅くなっているなども判断する根拠としている。「貯蔵」は人が起臥できる大きさがない、あるいは 3 m 前後の大きさがあっても炉がない。土器や未製品を含む木器、稲藁などが出土することを判断根拠としている。「井戸」についてはこの時点で確認事例は少なく、弥生時代は唐古遺跡だけである[13]。径二尺七寸（約 63 cm）、長さ五尺（約 150 cm）の丸太刳り貫き材を枠とし、その底面から第二様式土器を出土した竪穴を井戸としている。なお竪穴として認定していないが[14]、割り丸太を打ち込みその間に莚を渡した第五様式土器を出土した遺構も井戸と考えている。

　竪穴を機能ごとに三つに分ける考えは、こうした論争を経て戦後にも引き継がれ、とくに弥生時代の居住施設の一つとして「竪穴住居」が一般化していくこととなった。

その後の展開

　戦後、住居の形態には竪穴・高床に加え平地式の建物が存在することが、静岡県登呂遺跡の発掘調査から理解されるようになる（大場 1948、

---

12)　この時点で弥生の「墓穴」として利用された竪穴は確認されていないが、戦後発見される方形周溝墓は溝と土坑からなる竪穴の遺構である。

13)　井戸について小林は、約十数年以前に磯城郡櫻井町周辺から奈良時代末期の板井が発見されたのが初めてとする（末永・小林・藤岡 1943：p.40）。1928 年磯城郡城島村粟殿から出土（日色 1967）した事例を指しているのであろうか。

14)　割り丸太に莚を渡すこの構造は、竪穴を掘らなければ造ることはできない。また、その内部から土器が出土していることは、ここが空洞になっていたことの表れであり、この遺構は竪穴であったことが推測できる。

後藤1955）。竪穴という観点からみれば、方形周溝墓が内部主体と周囲の溝からなる竪穴の構造物であることが確認でき、戦前から確認されていた溝（環濠）も認知されてきた（浜田2018参照）。それらを含めて竪穴の一つに住居があるとする考え方は、戦後の考古学研究でも継承され一般化していった。

　その後1960年代から起こる高度経済成長による遺跡破壊と、それに対処する発掘調査の増加は、地域によって調査の精度が異なるなどの問題もあり、文化財保護行政上で課題となった。こうした状況に対処するために文化庁は、「発掘調査には高い精度と適正な内容が要求されるとともに、そうした知識と技術を有する発掘担当者の資質と充実した体制の整備が強く求められる」（奈良文化財研究所2010：はじめに）ことから『埋蔵文化財発掘調査の手びき』（文化庁文化財保護部1966）を発行することとなった。このなかで、「竪穴住居跡」を「竪穴」として扱い、貯蔵穴・ゴミ穴・土壙墓などを「土壙（ピット）」という名称で取り扱うことにした[15]。「土壙」という概念を設定した理由は書かれていないが、竪穴の中で住居の要件を満たさない竪穴、例えば住居とするには規模が小さい、柱穴がない、炉がない、床面が傾斜している、などが指摘される遺構が存在したため、住居と分ける意味をもっていたとできるだろう。

　ただし、この「土壙」という名称については齋藤忠が「壙は本来塹穴であり、棺を納めたり槨を営むための墓穴である。従って、土壙墓や墓壙は、重複した意味を持ち、正確ではない。私は、土坑墓の名を用いる」（齋藤1978：p.15）と提言を行い、以後「土壙」は墓穴に使用し、それ

15）「土壙」の名称を使いはじめたのは、田中琢によると楢本亀治郎だと、佐原が紹介している（佐原1997a）。また、土壙は英語のpit（穴・窪み）の和訳用語として理解したのであろう。

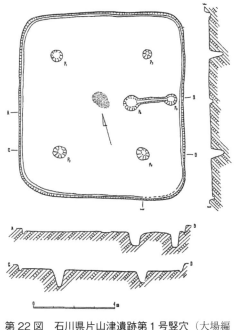

第22図　石川県片山津遺跡第1号竪穴（大場編 1964原図）

以外は「土坑」と使い分けるようになったようである（例えば田中琢1991）。いずれにしても貯蔵穴や墓を含めて、住居ではない穴を「土坑」と総称し、土坑よりも小さな穴および柱穴と考えられる穴に「ピット」の名称を与え、「住居」「井戸」を加え、従来の竪穴に4つのカテゴリーが設けられ、「竪穴」の性格が分けられることとなった。この段階で「竪穴住居」が次第に一人歩きをしはじめるようになり、この用語がもつ限定性が問題になっていく。

「竪穴建物」の登場

　その「竪穴住居」の用語に対する問題は1990年代以降、続けて提起されるようになる。その主張は主に三つある。一つは多様な使い方が考えられる「竪穴」を「住居」としてだけの用途に限定した名称使用をしている問題である。もう一つは竪穴住居に対応する用語としての掘立柱建物との内容の齟齬である。最後の一つはこれまでの研究のなかで認識されてきた「住居」の要件、単純化すれば竪穴規模・炉・柱穴・床という要素を満たしていない「竪穴」を、「竪穴住居」として理解することが無批判的に行われてきた問題である。

これらの問題について1991年に岩崎直也は「竪穴建物」の使用について言及し、「従前、竪穴構造の建物を、「竪穴住居」あるいは「竪穴」として扱うことがしばしば散見された。しかし、同構造の建物が専門住居に限定されるわけではなく、同構造の建物の機能分化を確立する意味で、これらを一括する際には、本用語を用いる立場をとる」（岩崎 1991a：p.17）とした。そして機能に応じた建物の組合せが存在して集落を構成すると考えている（岩崎 1991b）。同様な視点は1992年に渡辺修一によっても示された（渡辺 1992）。また1995年に行われたシンポジウムの中で工楽善通が、「竪穴住居と一般的に言っているものが全てが住まいではない」（工楽 1998：p.41）として、玉造の「工房」（石川県片山津遺跡）「祭祀施設」（福岡県栗田遺跡）「産屋」（岡山県津島遺跡。ただし、竪穴ではない）「貯蔵施設」（どんぐりピット）の機能をもつ「竪穴建物」が存在することを事例を挙げて紹介している。とくに片山津遺跡の第1号竪穴からは未製品の玉類や剝片、錐状の石器が出土していることから、玉造の工房と理解している（第22図）。そして、「竪穴の機能は、建物内の床面にあらわれた遺構上の構造と、そこから出てくる遺物の配置状況や性格などによって、ある程度限定できるだろう。要するに、住居内の遺構あるいは遺物の観察結果と建物の形態がそのように結びついているのか、ということが問題なのである」（工楽 1998：p.47）としている。

　これに対して同じシンポジウムのなかで、シンポジウムを企画した浅川滋男は「竪穴式の建物の場合、居住の機能を完全に排除する例はきわめて少ないように思われる」（浅川 1998：p.vii）として「竪穴建物」の使用に対して疑問を呈している。

　その後、竪穴住居という名称をめぐっては、文献史学の立場からも反論が出てきた。1999年に関和彦は東国の古代集落で最も普遍的に発見されるのが竪穴住居であるという考古学からの考えに対して、9世

紀の文献に存在する母屋・空家・奴婢の竪穴がすべて住居となり、実態にそぐわないことを指摘する。また、掘立柱建物の名称が住居に限定しない「建物」を用いているのに、竪穴は「住居」と限定することの非学問性を問題にして、「多くの発掘調査報告書が竪穴住居と紹介してきた竪穴遺構は本当に「住居」であったのであろうか」（関1999：p.62）と指摘する。

　岩崎・渡辺・工楽・関の「竪穴住居」の名称に対する異議は、必ずしも同じではないだろう。ただ、「竪穴」の使用方法がいくつかあるなかにおいて、「住居」に限定した名称にするのは、実態に即していない、という点では共通する。そしてそこに竪穴を住居ではなく、使用法を限定しない「竪穴建物」と呼ぶということにつながっていく。この問題提起は2010年に文化庁が行政で行う埋蔵文化財の調査の標準に沿って発掘・整理作業が行えるように作成した手引書で、竪穴住居について「すべてが住居であったわけではなく、工房等、居住施設以外のものも存在する。その為、掘立柱建物や礎石建物などの用語との対応関係も考慮して、竪穴建物と呼ぶことにする」（奈良文化財研究所2010：p.131）としたことで、現在多く使用されるようになってきた。今後この「竪穴建物」の呼称が一般化していくのであろうか。

弥生竪穴論争の意味

　弥生竪穴論争は、戦前からの穴居論争（住居は横穴か竪穴か）に始まり、竪穴の性格論争（竪穴は住居用か祭儀用か）を経て、竪穴の用途論争（住居以外の用途の追求）が戦前に行われてきた。その成果を戦後は受け継いだ。この論争を通じて、竪穴が住居であるとする判断基準ができたことは大きな意味がある。

　その一方で、1960年代以降に顕著になる発掘調査件数の激増に伴う

未成熟な調査員体制と発掘優先の姿勢（調査方法の未検証・整理作業の未実施）など、考古学を取りまく環境が整っていなかった段階を経て、竪穴にいくつかの種類があるということがわかってきた。それは現在土坑やピットと呼ぶものを含めて、さまざまな用途をもった竪穴が存在すると理解されている。そうした反省に立って、「竪穴住居」から「竪穴建物」へと名称の呼び換えが起こったとすることができる。また、奈良時代以降の遺跡で検出する竪穴が、我々が想定していない（ただし、実際に文献などで推定できる）機能が存在することも、竪穴を分析する段階では考慮に入れる必要がある。竪穴が住居であるのか、ということの原点を見つめるためにも、弥生竪穴論争の現代的な意味は大きいのである。

付編：弥生竪穴論争を踏まえての意見

　ここからは論争の解説からはずれるが、論争を踏まえた筆者の意見を述べていく。

　まずこれまでの論争を通じてみれば、「竪穴」の対極には「横穴」が存在する。横方向の穴に対する縦方向の穴、これが「竪穴」用語の出発である。「竪穴」は状態を示しているのであって、床の位置を表す用語ではない。床の位置による分類名称は、高床式・平地式・竪穴式であるが、「竪穴式住居」はこれまで掘立柱建物（高床式・平地式建物の総称）に対置する用語として使われてきた。しかし、浅川が述べているように、掘立柱建物は基壇付礎石建物（浅川1998）に対する用語である（ただし掘込地業を有する礎石建物は竪穴建物）。弥生文化の掘立柱建物は高床式・平地式建物が絵画資料と造形物（家形土器）をもとに、柱穴列（そのなかには実際に柱が残っていた事例も含め）の存在から推定してきたが、この柱穴列も一つ一つの柱穴は小さな「竪穴」である。同じように、従来の竪穴住居では、炉と共に通常数本の柱穴が検出されることを、建物であることの証拠と

してきたが、この竪穴内の柱は掘立柱なのである。そうしたことを踏まえれば、床を基準にした従来の高床式、平地式に竪穴式（地下式）の建物を加えて、これらを広義の掘立柱建物と総称し、基壇付礎石建物に対置する言葉として利用すべきだと考える。

　ただし、実際に用語を運用する場合は、高床式と平地式を考古学的な資料から区別することは難しいから、両者を合わせて狭義の掘立柱建物と呼ぶ便宜的な使用法も、現状では合理的な判断だとすることができる。また竪穴式は高床式・平地式に比べ調査できる事例の検出確率が高く、炉・壁・床など前二者よりも多くの情報が存在し、これまでも前二者と区別してきた。それに基づけば、「掘立柱建物」は高床式・平地式・竪穴式（地下式）の建物を総称するものの、これまで通り高床式・平地式の建物を掘立柱建物という名称で一括し、竪穴式だけを独立させて呼称することも、考古学的な分析をするうえでは、有効に働くであろう。

　では竪穴式を住居と呼ぶのか、建物と呼ぶのがよいのであろうか。竪穴が何に使われたかを考古資料から導き出すことは、例えば人骨が出土する竪穴を墓穴（土坑墓・土壙）と判断できる事例などから不可能なことではない。しかし、多くの竪穴は機能を想定することは困難である。そこに「竪穴建物」の名称が現れてきた意味がある。ただしこの場合、「竪穴建物」の名称がもつ、推定機能の不明確性、言い換えれば住居なのかを曖昧（住居かもしれないし、他の用途にも使われたかもしれない）にしたまま、分析をすることとなり、そのうえに立った集落の議論も曖昧性を残したままになると考える。これまでの竪穴研究で住居と判定する要素である炉・柱穴・規模・床の存在が確認できた場合は、従来通り「竪穴住居」として積極的に判断してよいのではないだろうか。また、唐古遺跡などを代表とする貯蔵穴と推定する小規模な竪穴にも「簡単な屋根がか

表1　弥生時代を主とした「竪穴」の概念（主要遺構のみ）

状態	名称	分類	狭義名称	主な条件	別称
盛土	礎石建物	高床式	基壇付礎石建物	盛土・礎石の存在	
竪穴（上屋想定）	礎石建物	高床式	礎石建物	掘込地業・礎石の存在	
	掘立柱建物	高床式	掘立柱建物	柱穴の列・束柱穴が存在	柱穴列・楼閣など
		平地式	掘立柱建物	柱穴の列・炉を確認	
		竪穴式	竪穴住居	規模大・炉・柱穴あり。床平坦	
			竪穴工房	規模大・炉なし・柱穴あり。床平坦。機能に特化した施設の確認と遺物の出土	
			貯蔵穴	規模大小・遺物充填・柱穴あり	ドングリピット
			竪穴建物	規模大小・炉なし・柱穴あり。床平坦	
竪穴（上屋未想定）	土坑	土坑・ピット	貯蔵穴	規模大小・遺物充填・柱穴なし	ドングリピットなど
			土壙	規模小・人骨・副葬品出土・柱穴なし	墓穴・土坑墓・内部主体
			土坑	規模小・焼土堆積・柱穴なし	焼土遺構
				規模小・炉なし・柱穴なし	
	井戸	土坑	井戸	枠の存在、湛水状態・柱穴なし	
	溝	溝	環濠	規模大小・遺物の出土	壕、周溝
	柵・塀	ピット	柱穴	規模小・同一線上に並ぶ小規模の穴の列	ピット列
横穴	洞窟	横穴式	横穴	洞窟から遺物・人骨が出土。人工改変	洞穴

けてあった」（小林 1951：p.94）と考えれば、これも竪穴建物に含まれることとなる。「竪穴建物」の名称は、こうした遺構との区別は配慮していないように感じる。

　この問題の一つに「住居」という言葉が与える内容をどのようにとらえて、考古資料を分析していくのか、ということがこれまで余り議論されてこなかったことがある。現代でもそうであるが、「住居」は寝食を主たる用途とするがそれに限らず、さまざまな作業を行う場所でもある。例えば、先述した片山津遺跡の第 1 号竪穴（第 22 図）で玉類を製作していたことを認めるにしても、工房に特化した建物であるということ、言い方を変えればこの竪穴で寝食をしなかったことを否定できる材料はないであろう。炉と柱穴があり他にも土器などの生活道具が出土し床が硬化し、一定程度の大きさを有しているなどの特徴があれば、そこは寝食を行った場所（住居）と想定することは可能である。これに加

えて玉類や石器などの製作に伴う道具や破片などが出土しているので、工房としても使用していたことも確かである。しかし、工房に特化したことを特定できないのであれば、工房にも使っていた住居という意味で、「竪穴住居」と呼称しても問題はないと考える[16]。時代は古墳時代になるが大阪府新池遺跡の埴輪製作工房のような、埴輪を埋めた粘土貯蔵を備えた竪穴が、焼成場所に隣接し、居住のための竪穴は他の場所にあることが確認された事例（原口 1993）など、竪穴の機能として「工房」に特化された建物（住居には使用されなかった建物）を想定できる状況があるならば、「竪穴工房」として「竪穴住居」とは異なった呼称をすべきだと思う。

　「竪穴建物」は、こうした複数の用途が想定できる竪穴に対して使用する場合、その具体的な用途（片山津遺跡の場合は住居と工房）を曖昧にしてしまう用語なのではないかと思う。「50 軒の竪穴建物からなる集落」といった場合、それは住居なのかあるいはそれ以外の用途の建物なのかを、不分明にしたまま分析が進むことになる。「竪穴建物」は住居の条件を満たさないが上屋が存在する建物を示す用語として、「竪穴住居 40 軒（内 5 軒の工房を含む）、3 基の上屋のある貯蔵穴、その他用途の不明な竪穴建物 7 軒から構成される集落」といった使い方が実状にあっていると考える。

---

16)　神奈川県の弥生時代の事例では、横浜市大塚遺跡 Y2 号・Y17 号、秦野市砂田台遺跡 51 号住居などは石器製作を行った竪穴であるが、これらは同じ集落や他の時期の、石器製作道具・未製品などが出土しない竪穴と構造上の違いはない。片山津遺跡の事例と同じように、住居の機能とともに石器作りをしていた建物として、「竪穴住居」と呼称しても問題ないと考える。住居である条件を満たすものは、多目的な使用を前提に、「竪穴住居」とすべきなのではあるまいか。

Chapter 4

ミネルヴァ論争

縄文と弥生の関係とは

三　概　要

　ミネルヴァ論争は、縄文文化と弥生文化が併存して存在しているか、を問うた論争であった。現在では縄文文化の後に弥生文化が来て、その後に古墳文化になる、とする時代の枠組みはさまざまな方法で確かめられている。この枠組みが提示されたのが、山内清男（やまのうちすがお）による 1932 年の『日本遠古之文化』であったが、当時の学界ではこの考えを支持する研究者はほとんどいなかった。

　その反対論者の代表的な歴史学者・喜田貞吉（きたさだきち）は、東北地方では縄文文化は平安時代末・鎌倉時代初期までの長い間併存したと考えた。本州・四国・九州においてはほぼ同じ頃に縄文文化から弥生文化に推移しているとする山内と、資料の解釈や取扱い方法について衝突したのが、このミネルヴァ論争である。

　ミネルヴァ論争は民族の問題、考古資料の解釈の問題、層位的出土状況の解釈の問題、時間軸設定の問題、六国史に基づく日本歴史の解釈の問題など、他種類の問題が複雑に絡み合い展開されていたが、当時の研究者の弥生文化のとらえ方を理解するための重要な論争であった。それとともに現在確立された 3 つの時代の時間的前後関係について、どのような道筋で考えられていったか、を知るうえでも重要な論争である。日本の考古学研究史上、最も有名な学術論争であるともいえる。

ミネルヴァ論争以前の状況

　ミネルヴァ論争以前、日本の先史時代はどのように理解されていたのか。まずはそのことを確認していこう（浜田 2018・2022a 参照）。

　1877 年大森貝塚が発見・調査され日本に石器時代の先住民族がいたことが理解された。当時石器時代人とされた縄文人は、古墳を築いた大和民族＝現代日本人の祖先、とは異なった人種であると認識されていた。その理由は、『古事記』『日本書紀』（以下『記紀』）などに天皇に帰順しない蛮族（蝦夷・土蜘蛛・國栖など）が存在していたことが書かれていたからである。そこから、この蛮族こそが縄文人だという推測が導かれた。蛮族のなかでも蝦夷がアイヌと結びつき、縄文人と同一視する考えが強かった。大正期に入って人骨の研究からアイヌと縄文人は直接関係がないことが確認されても、依然として縄文人と蝦夷を同一視する考え方は残った。ちょうどその頃に弥生文化が稲作を基とした社会であることが理解されはじめ、水稲農耕との関係から弥生文化の根源を朝鮮半島に求め、半島に最も近い九州から弥生文化は次第に広まっていったという考えが芽生えてくる。1920〜1930 年代のことである。

　このことは『記紀』に記載のある「神武東征物語」などと一致すると見て、稲作文化をもつ弥生人が縄文人を駆逐しその末裔が古墳を築く民族＝大和民族になっていったと解釈した。そして近畿地方が古墳時代を迎えても、東北北部にはいまだ蝦夷（≒縄文人）が存在していた、と『日本書紀』『続日本紀』などの文献に記載ある城柵設置や縄文遺跡の東日本の偏重などをもとに推定していった。

　東北の蝦夷はいつ頃まで存在していたのかという問題は、存続時期の違いを除けば考古学者も文献史学者も同じようなストーリーを描いていたといえる。例えば日本で初めて大学の講座として考古学を受け持っ

た濱田耕作は、弥生文化が紀元1世紀に成立することを解説するなかで「勿論日本の各地方が同時に此の文化に光被せられたのではありませぬ。東北地方の如きは今後数世紀或いはそれ以上もなお石器時代の旧文明に彷徨して居ったのであり（中略）それ等の取り残されていた民族の文化に対する民族運動文化運動の「プロセス」が、即ち日本民族の国土経営の歴史であったのであります」（濱田 1930：p.102）と述べている。「取り残されていた民族の文化に対する民族運動文化運動」とは、11世紀まで続く城柵設置による東北経営を指していると考えられる。また考古学者の中谷治宇二郎は、関東地方に弥生文化が波及するのは2〜3世紀、東北北部は6世紀（現代的には古墳時代後期）だと考えていた（中谷 1934）。つまりそれ以前は、縄文人が存在していたと考えていたことになる。文献史学者では、このミネルヴァ論争の一方の当事者であった喜田貞吉は平安時代末から鎌倉時代初頭、つまり12世紀頃まで縄文人が存在していたと考えていた。今の知識から見るとにわかには信じられないが、当時の考古学・文献史学では常識的な学説であった。

喜田貞吉の基本的な考え

　喜田貞吉は、日本民族についての問題を終世もち続けた研究者であった（ふりがなは喜田 1920a による）。1919年に日本民族の由来沿革を調査し、社会組織上の諸現象を明らかにすることを目的とした雑誌『歴史と民族』を主宰し、1923年に東北帝国大学に赴任してからは蝦夷研究が熱を帯びてくる。喜田の蝦夷とアイヌと縄文の関係については、次のように要約できる。彼は文献に現れる蝦夷が「今の北海道のアイヌと同一系統の民族であることは、各時代を通じて連続する記録の証明する所である」（喜田 1920a：p.506）。彼はこの北海道のアイヌが蝦夷とは直接つながらないとしても、かつてはその兄弟分とも云う

べき民族が各地に存在していたと推定でき、文献に記載された蝦夷はこれらを一括して呼んでいた。したがって蝦夷を今のアイヌの共同の祖先として一括してアイヌ民族と名付けても不都合はない。また蝦夷は主として奥羽地方に住んでおり、この場所は石器時代の土器も多く出土する。関東や奥羽地方には「縄文を有する土器を伴える」（同：p.507）傾向があり、これをアイヌ系統・アイヌ土器と呼称する。中部地方や近畿地方以西でもこのアイヌ土器が出土するのは、かつて各地に「アイヌ族の民棲息せしが、後に弥生式民族の為に其の地を占領せられて、あるいは他に退却し、或いは其の跡を没した」（喜田1918c：p.402）とする。または「他の民族の為に征服せられ、駆逐せられ、同化せられて、アイヌとしての民族的存在を失い、かくて歴史時代に至っては、奥羽北越地方に蝦夷の名を以て存し」た（喜田1920a：p.513）と解釈する。各地にいた蝦夷（≒縄文人）を弥生人や天孫降臨族が駆逐[1]したと考えている。ではアイヌ土器（文様として縄目のある土器）を使う人びとは、いつ頃まで棲息していたのか。これがミネルヴァ論争の核心的な問題となったのである。

山内清男の基本的な考え

　山内清男はこうした状況に対して、土器の編年（山内は当時「年代的組織」の名称を使う）研究によってまったく異なった考えを導く。従来縄文土器の紋様や形、厚みの違いは使用する民族の違いであるとされていたが、山内は1920年代に千葉県加曽利貝塚の発掘で、地点と層位によって出

---

1)　喜田は、弥生人と天孫降臨族（＝大和民族）は別の民族であると考えている。その根拠に天孫降臨族の使用土器が須恵器であり、素焼の弥生土器とはまったく異なることを挙げる（喜田1920b）。したがって石器時代の民族にアイヌ系と弥生系が存在し、それが大和民族に駆逐されあるいは同化したとしている。

土する土器が違うという現象に、時間的な差であることを予感する（八幡 1924・1930、山内 1928、甲野 1953）。その検証は関東・東北各地の貝塚の発掘によって確認され、関東地方の土器編年（土器の新旧を順序だててその変遷を推察する方法）を組み立てた。そして東北地方においても同様の手法で検証を行い、一つの論文を提出する。

　彼は「亀ヶ岡式土器」として一括していた東北地方の土器が、岩手県大洞貝塚群の発掘から6つの型式[2]、大洞 B 式－大洞 BC 式－大洞 C_1 式－大洞 C_2 式－大洞 A 式－大洞 A′ 式の順に変遷するとした（山内 1930）。その変遷から紋様が曲線から直線に変化していく「法則性」を見出し、大洞 A′ 式の後に、籾圧痕のある、つまり稲作を行っていた弥生土器である桝形囲式土器に変遷するとした。大洞諸型式（亀ヶ岡式土器）は縄文時代の最後の土器であり、その後が弥生土器を使う文化（弥生文化）になると考えたのである。そして大洞式土器が関東や中部地方でも出土していることから、縄文式土器の終末／弥生式土器の開始が、東北・関東・中部地方ではほぼ同じであることを提示した（浜田 2022a 参照）。

　このことは、2 年後に縄文文化から弥生文化の枠組みを規定した概論に詳しく語られることになる。雑誌『ドルメン』[3] に「日本遠古之文化」と題して数回にわたって連載した山内は、このなかで、三河では大洞式後半、畿内でも大洞式前半の土器が出土しているので、東北と大差ない

2)　型式については p.75 を参照
3)　雑誌『ドルメン』は、人類学や考古学の研究者の交流を広げるために遠慮なく語り合う場として、岡正雄によって創刊された雑誌である。川久保悌郎や金城朝永（かなぐすくちょうえい）が編集の一部、内容については山内清男・八幡一郎・甲野勇・金関丈夫・三宅宗悦らが協力している（岡 1974）。1935 年に一度休刊したことを惜しんだ甲野勇が、同じような趣旨の雑誌『ミネルヴァ』を創刊して、その創刊号に「座談会 日本石器時代文化の源流と下限を語る」を企画・掲載した。『ミネルヴァ』は 1937 年 10 冊目で廃刊し、『ドルメン』が 1938 年に復刊するが、これも復刊 9 冊目を出して廃刊となった。

時期（一型式から二三型式の時間差）で縄文文化から弥生文化に推移するとした。そして、「日本内地に於ける住民の文化は大きく二つに区別し得るであろう。第一は大陸との交渉が著名でなく、農業の痕跡のない期間、第二は大陸との著明な交渉をもち、農業の一般化した期間である。前者は縄文土器の文化に相当し、後者の最初の段階が弥生式の文化である」（山内 1932b：p.80）「今日まで、縄文式は関西に於いて早期に弥生式に置換され、東方に於いては永く遺存したものと考えられて居った。（中略）しかし関西にも東方と同様の一通りの縄文式の段階があるので、この考案は成立困難である」（山内 1932d：p.51）「縄文土器の文化は、内地を通じて恐らく大差ない時代に終末に達し、弥生式土器の文化に置き換えられる。更に古墳時代に移行する」（山内 1932e：p.60）と、弥生文化が縄文文化や古墳時代とは異なる独立した時代であり、本州・四国・九州では時間差をもたないで縄文文化から弥生文化、そして古墳文化へ推移すると考えたのである。

喜田：宋銭と石鏃の「脚」から石器時代の下限をさぐる

しかし、喜田は山内の見解に真っ向から反する論文を書く。それが1932 年青森県三戸郡是川村（現八戸市）の堀田で縄文土器の竪穴から景徳元宝（中国宋代：初鋳 1004 年）が出土し、是川中居遺跡で鉄製曲玉を遺跡で表面採集し（喜田 1933a、杉山 1933）、1933 年に岩手県東磐井郡大原（現岩手県一関市大東町大原）で宋銭が縄文土器と一緒に出土し、青森県亀ヶ岡遺跡から鉄鏃と同形の石鏃が、土器・石器・土偶・曲玉などと一緒に出土した「確実なる」事例を紹介した報告文である（喜田 1934）。大原の事例は亀ヶ岡式土器の中から古銭が出土したとして、発見者の親が東北帝国大学に持参し、発見した親子から喜田が聞き取りを行い事実であったと確信した、とする。発見したのは当時 12 才の少年で、亀ヶ岡式の破片を

蓋、底部を容器とする中に祥符元宝・熙寧元宝、また皇宋通宝と思われ
る古銭が入っていたとする証言から、喜田は「当時の石器時代人は、宋
銭を入手して之を珍蔵して居たものであったに相違ない」（喜田 1934：p.7）
とした。そして、「此の遺蹟は恐らく後三年役の頃、或は更に下って藤
原氏が平泉に栄華を極めた頃までも継続し、一方に彼の中尊寺の華美な
る殿堂の建築せられる傍に、一方にはなお斯くの如く石器時代が存在し
た事を認めねばならぬ結果となるのである。斯くの如きの事が果たして
今の考古学者に信ぜられ得るであろうか」（喜田 1934：p.7）と、山内ら新
進の研究者を念頭に置いたともとれる発言をする。

　また、この報告と前後して「ミネルヴァ論争」で喜田の論証のもう一
つの柱となる石鏃の「脚」の問題から、石器時代の下限を論じた論文が
ある（喜田 1933b・c）。この石鏃の「脚」とは、矢柄に装着するために石鏃
の下部の凸起部分、つまり「茎」である（以下喜田の用語に従う）。この論
文は喜田自身が各地に来訪した折集めた資料あるいは、在地の収集家の
資料を実見しそのメモと記憶をもとに、縄文時代の石鏃について集計・
数量処理したもので、喜田は縄文時代の有脚鏃と無脚鏃の分布から考察
を加えている。それを要約すれば九州・中国地方ではほぼ無脚で、四
国・近畿・北陸・（東海を含めた）中部地方は無脚多数：有脚少数、関東地
方は無脚 2：有脚 1 の割合、東北地方は太平洋沿岸地域とその他では相
違があり、北に行くほど有脚の割合が高くなり、岩手・秋田・青森県な
どでは無脚少数：有脚多数、地域によってはほとんど有脚であるとす
る[4]。そしてこの分布とその意味について、九州から東に行くに従い有

----

4)　喜田の集計した数字を示す。母数が 200 例以上のものを挙げると、宮崎県延岡で有脚 0
／235 例、宮崎県宮崎神宮で有脚 0／261 例、鹿児島県大口中学校で有脚 0／188 例、鳥取
県逢坂村で有脚 0／約 300 例、香川県三豊郡で有脚 13／548 例（菱形・柳刃形 41 を除く）、
大阪府国府で有脚 50／約 1,000 例、愛知県稲荷山貝塚で有脚 219／450 例、長野県ソネで

脚鏃の割合が多くなる現象が認められ、「当初金属文化が我が国に移入せられた頃は、我石器時代人が未だ有脚石鏃を知らなかった時代であり、それが先ず中国・九州地方から、漸次金属文化に触れて旧来の生活状態を改める様になり、その逸早く石器時代から脱却し得た中国・九州等の地方には、無脚の石鏃のみしか遺されて居らぬのである（中略）四国や近畿地方等には、多数の無脚鏃の間に少数の有脚鏃が変わって居る。而して東するに従って、大体に於いて有脚鏃の数が増してくる。是は是等の地方に於いて、中国・九州地方の住民がすでに石器時代から足を洗った後、有脚鏃の製作が始まった頃までも、なお石器時代が継続して居た事を語るものである」（喜田 1933a：pp.15-16）と考えている。

しかし、同じ地方、例えば有脚鏃が多い東北地方でも岩手県宮古地域では無脚鏃が9割を占め（註4参照）、北海道上川では無脚鏃が6割を占めるなどの事例が存在する。これに対しては「大体に薄手式土器の遺跡には有脚鏃が多く、厚手式土器の遺跡には無脚鏃が多い」[5]（喜田 1933b：p.6）と説明する。また宋銭や鉄製曲玉も一緒に出土しているので、薄手式（亀ヶ岡式土器）土器を作成した東北北部の人びとは、金属器の文化と並行して存在しており、「是によって此の地方に於ける石器時代終末の実年代を、少なくとも今を遡る九百年後まで下げ得るのである」（喜田

有脚 0／726 例、長野県上伊那郡で有脚 0／数百例、新潟県西部で有脚 412／1,414 例、新潟県中頸城郡で有脚 280／336 例、関東地方で有脚 111／367 例、岩手県宮古で有脚 178／1,676 例、青森県是川で有脚 507／572 例、青森県内で有脚 220／444 例、秋田県男鹿半島で有脚 1,428／1,722 例、山形県新庄で有脚 257／322 例、山形県遊佐で有脚 448／698 例、北海道函館で有脚 195／233 例、北海道江別で有脚 13／626 例などである。しかし、この集計は弥生文化や続縄文文化の石鏃を区別していない点に注意が必要である。

5)　この論法だと、厚手式土器が有脚の石鏃を作る前に石器時代から足を洗ったことになり、薄手式（亀ヶ岡式）土器との間に時間差が生じることとなる。それは、時間的位置づけは異なるが山内らの縄文土器編年（土器の時間差）を認めることとなる。

1933b：p.11）と結論づけている。

ミネルヴァ論争前夜

こうした相容れない縄文文化と弥生文化との関わりをめぐる問題は、1935年の雑誌『ドルメン』の「特輯 日本石器時代」で、両者の意見がよりわかりやすく説明される。山内は「縄紋式文化」のタイトルで次のように述べる。「縄紋式文化以後日本列島には引続き住民が居った。そして文化も亦途切れず、内地では弥生式、古墳時代を経て歴史時代に続いて居る。（中略）これらの後代の文化は縄文土器文化圏の内に位置を占め、縄文文化を共同の母体として漸次遷移したものである」（山内 1935：p.82）。この内容はこれ以降の土器編年で証明できたとする。型式とは「一遺跡、一地点又は一地点に於ける異なった遺物層から発掘された土器を一つの資料として、甚だ多数の資料を観察し、吟味することが必要である。（中略）これらの資料を吟味するうちに同質の資料と質の違った資料とが区別されて来る。例えば資料 A と B は同じ形態及び装飾を含み、全く同一の組成を持って居る。資料 PCL は相互に同一の組成をもって居るが、AB とは違う。（中略）この場合 AB は一型式、PCL も一型式（中略）これらの型式は即ち短時間に残された土器の一群を意味し、年代的変遷の一段階に相当する訳である」（山内 1935：pp.83-84）とする。そして、一つの遺跡で「上下異なった型式が発見される場合は、型式の年代順を示すわけである」「一地方に於いて認められる諸型式を年代順に配列し、各型式の内容を比較してみると年代的変遷が理解されて来る」「各型式に伴う土器以外の遺物又はその他の文化的特徴も亦、土器型式の順序に配列され、年代による消長変遷の状態が段々知られて来て居る。斯くの如くして土器型式を指標として、縄文土器文化の変遷が明らかにされるに至ったのである」（同：pp.84-85）。山内の考えは縄文人と弥生人、古墳時代の人びとは同

じであり、文化のつながりがあるとするものであった。

　これに対して同じ雑誌で喜田は「考古学上より観たる蝦夷」として、これまでの考えを整理する。「余輩の信ずる所によれば、現在の所謂アイヌは即ち古へに所謂蝦夷の延長であり、考古学者の所謂縄文土器を遺した石器時代人の末裔である。（中略）蝦夷は太古以来広く我が島国に散居して、狩猟漁撈の生活を営んだものであった。恐らく此の島国に足跡を印した最初の住民であったであろう」「然るにその後考古学者の所謂弥生式土器を使用する民族が渡来した。（中略）彼らは先ず中国、九州北部、近畿地方等に繁延して、是等の地方の先住民たる蝦夷を征服併合し、或いは之を駆逐した」（喜田 1935：pp.173-174）。そしてその石器時代が何時頃まで存続するのかを、先年報告した亀ヶ岡式に伴う宋銭をもとに、東北地方においては平安時代末〜鎌倉時代初頭、北海道にいたっては江戸時代の中頃まで、「石器使用の蝦夷が昔ながらに生活を遂げて居たのである」（同：p.182）とする。

　『ドルメン』誌上での二人の見解の相違が、「ミネルヴァ論争」へと発展していく。

ミネルヴァ論争の開始

　『ドルメン』は「特輯 石器時代」（1935年6月号）を世に出して、翌々号（8号）で休止する。後継雑誌として、1936年2月に『ミネルヴァ』が甲野勇によって創刊され、その創刊号で「座談会 日本石器時代文化の源流と下限を語る」が掲載される（甲野ほか 1936a）。司会は発行人の甲野勇で、参加者を分ければ江上・後藤と、縄文土器編年を推進する山内・八幡・甲野のグループという構成である。

　座談会ではまず日本に於ける旧石器時代の存在を吟味し、確実な資料がないことを確認し、甲野が日本で最も古い石器文化が縄文文化である

ことに触れる。それを引き取り山内は「始め縄文式があって、その次に弥生式、それから古墳時代と来る訳ですね」（甲野ほか 1936a：p.36、以下この項目では同一の文献なのでページ数のみ付す）と自説を展開する。そして「僕達の方ぢゃ縄文式の終末の年代が地方的に非常な違いはないと思うがそれには反論があるらしい。如何です」（p.36）と喜田の考えを意識しながら、後藤・江上を挑発する。

後藤は、「縄文土器の終わりの時代は地方的に夫々違いがあると思う。そして最後は、喜田先生のいわれる鎌倉時代ということも地方によっては必しも無茶の議論じゃないと思う。（中略）関東地方辺りでもメインストリートから離れていた所はかなり遅くまでこれを続けていたと思う。少なくとも古墳の末期にも地方によっては縄文土器が使われて居た」（p.36）と反論する。これに対して山内は亀ヶ岡式土器の分布に触れ、その影響を受けた土器が中部や畿内に出土しており、「これらは皆その地方に固有な末期の縄文式に伴っているのです。決して弥生式とか、古墳時代に属して居るのではない。（中略）従って縄文式の終末は地方によって大差ないと見なければならないでしょう」（p.36）と自説の土器編年に基づいた反論をする。

これを受け江上は、「それでは関東・東北地方には何故北九州や近畿地方に於けるように青銅器が発達しないのでしょうか」（p.37）と疑問をはさむ。これに対して関西では青銅器に伴って石器があり、弥生式文化は石器が一般的であると山内は説く。この座談会はこのように、山内の縄文時代末期が全国的に大きな時間差をもたないとする考えをめぐって、青銅器の問題、翡翠の問題、石帯の出土などから、縄文・弥生・古墳の一部時期的な並行問題が議論されることとなる[6]。

6） 翡翠の問題は、この当時「ビルマ方面からのヒスイ渡来説」（寺村 1968）が定説であっ

結局この座談会では、縄文と古墳の時間的な並行関係について解決しないまま、弥生の位置づけについても「弥生式土器のすべてを古墳時代以前におく考は穏当ではない。（中略）少くも東日本では古墳時代と弥生式時代とは同一時代のものがあるように思う。縄文より弥生、弥生より古墳と云うのは、必しも適切の考えではなく、一部の訂正の必要はあると思う」(p.39)、という後藤の想定を崩せていない。とくに青銅器と翡翠の問題が大きな障害となっている。そのなかで山内は、「東北の縄文式遺蹟からは正規な発掘では出て来た例のない様な奇妙なものが地方人士によって注意され、或は中央に於ける老若の学者によって珍重されて居ます。これは実にいかがわしい事だと思う」(p.37)と発言し、これが喜田の眼にとまり論争が開始される。

ミネルヴァ論争の展開：喜田の主張

喜田は翌々月の第1巻第3号 (4月) で「日本石器時代の終末期に就いて」と題して、これまでの説を整理しながら力説する。山内が縄文の終末が地方によって大差はないとする考えに、「縄文式石器時代の終末期を各地方大差なしとする論者の立場から之を観れば、縄文式土器と伴って平安朝末期の遺物たる宋銭が出土したと言えば、それは勿論怪しいものであろう。そしてそれを珍重がる中央の老若の学者は、勿論いかがわしいものでなければならぬ。併しながら、如何なる論者も事実の前には屈服せざるを得ぬ」(喜田 1936a：p.94)として、その事実を挙げ自説を展開

ため、縄文の遺跡と古墳から硬玉（翡翠）が出土するのは、両文化が時間的な並行関係にあることの証拠だとされ、議論が進んでいた。そのため、山内も八幡も解釈に難儀している。しかし、この座談会の3年後に新潟県小滝村から翡翠の原石発見の報告がなされ（河野 1939、大森 1939）、1941 年に『考古学雑誌』にそのことが掲載されて翡翠は日本原産であることで解決する（島田 1941）。石帯の問題は出土状態が不明で、風化しているため縄文に伴うのか吟味する必要があると甲野が反論している。

し、あるいは山内らの編年に異議を唱える。

　便宜的にそれを整理し番号を付けると、①**宋銭共伴の問題**。これは以前報告した岩手県大原、青森県是川村堀田、青森県野内村久栗坂から、宋銭がそれぞれ亀ヶ岡、山内らのいう堀之内式や加曽利E式とともに出土した事例である。喜田が石器時代の下限年代について確かな証拠とするものの一つである。②**鉄製品・鉄鏃共伴の問題**。これも既報告の青森県中居遺跡採集の鉄製品、青森県館岡村亀ヶ岡遺跡の鉄鏃、岩手県波打村鳥越から円筒土器に伴って鉄鏃、秋田県金澤町獺袋から鉄製鑽の出土の事例である。喜田は②も①と同様に自信をもち、論争の論点になるものである。③**貝塚出土人骨に共伴する鉄鏃の問題**。長崎県有喜貝塚、雪ノ浦貝塚から鉄鏃の刺さっていた人骨が出土したことを挙げる。これもすでに石鏃の脚をめぐる論文で取り上げた重要な争点である。しかし、有喜貝塚には箱式石棺など弥生文化の遺物があり、鉄鏃も古墳出土のものと同じであると報告されている（濱田・島田・小牧 1926a・b）。また、雪ノ浦貝塚は弥生の貝塚であり（八重津 1924）、これについては喜田自身もそれを前提として論じている（喜田 1933a）ためか、両貝塚は石器時代（縄文時代）の下限の問題としては重要視していない。むしろ弥生人（鉄器）と縄文人（石鏃）が戦った証拠として重要視する（喜田 1933b）。④**縄文時代の猫の問題**。これは大山史前学研究所が調査した、青森県是川村一王寺の円筒土器を出す遺跡の採集品に猫の遺骨があり、猫は平安時代に伝来したものであるから、縄文の実年代に示唆を与えているとする。ただし、この猫の骨については、無断公表したとして大山史前学研究所から注意を受けて、喜田は謝罪文を送付し、『ミネルヴァ』にその顛末を公表した（喜田 1936b）。2ヶ月後、大山史前学研究所の大給尹によって家猫であることが否定

されている[7]（大給 1936）。⑤**石鏃の有脚・無脚の問題**。これは①②とともに喜田の石器時代年代観の重要な論拠の一つである。この論文では前述した自身の統計による分析の紹介に加え（p.73 参照）、八幡一郎が堀之内式は無脚であるが終末に近い加曽利 B 式・最終の安行式にいたるとほとんどが有脚になる（八幡 1935）という研究をうけ、「中国九州方面に於いては、関東に於いて未だ所謂堀之内式土器の始まらぬ以前に於いてはその石器時代の終わりを告げた」（喜田 1936a：p.8）と解釈する。⑥**縄文土器編年研究への疑問**。喜田は編年研究で扱う型式が甲から乙に遷移する場合もあるが、甲の次に丙の型式が生じて、両者が使われている間にその接触によって乙の型式が誕生することも想定できる。また、前出の型式と後出の型式が並び使われるという場合が存在することを考えるべきであるとする。例えば宮城県沼津貝塚では鹹水性に混じって淡水性の貝殻のみが堆積する場所がある。これは周囲が入江であった時代から時間の経過とともに海が退き、淡水性の沼沢となったことを物語っており、この貝塚が長時間存在した証である。そしてこの貝塚から出土するのが亀ヶ岡式土器であることから、「これを常識に訴えても少なくも数百年を要した事と思う。而して其の間ここには所謂亀ヶ岡式土器が引き続き製作使用せられて居たのであった」（喜田 1936a：p.6）とする。一型式が長時間存在するとすれば、亀ヶ岡式土器が関東にも中部にも近畿地方にも存在していることは理解可能だとする。⑦**縄文文化の後に弥生文化となる想定への反論**。これについては、⑥への疑問もからめて、弥生人は縄

---

7)　この文献は喜田の論文の３ヶ月後、無断発表謝罪文公表の２ヶ月後の７月に刊行されている。大給はこの骨が家猫とも山猫とも異なる新種である可能性があるが、「既に、誤りを巷間に伝え、早まりて説を為す者がある」（大給 1936：p.26）ため、その誤報を訂すために書いたとする。喜田のことである。大給は最後にこう結ぶ。「この一王寺下顎骨は家畜たる猫に非ず。全く別種のものである点、誤りなき様御注意願いたい」（同：p.27）。

文人に遅れて日本列島にきた民族で、縄文人を駆逐・併合したため、縄文土器の上層に弥生式土器が存在すると考えている。そして縄文人と弥生人は、「或る時代間は両者併存したものであったと認めねばならぬ」（喜田 1936a：p.8）とする。

　このように①〜⑦として提起した問題は、縄文人と弥生人は別の人種であり、縄文人はアイヌ＝蝦夷であるという、喜田の従来の考えに基づく理解を披露する。また喜田の遺物・遺跡の研究は「単に歴史研究の為に、文献の初伝と相啓発すべく、余儀なく其の資料なるべき遺物・遺跡に対して、自ら考古学的研究を加えて居るにすぎない」とし、「余輩の歴史研究の当否を検定し、更に進んでこれが正確なる証明を得ようとする」（喜田 1919b：p.146）目的なのである。すなわち文献での事象を考古資料で検証しようとする方法である。この常識（文献による日本の古代史の理解と考古資料による検証）によって研究を進める「常識考古学」を提唱したい、と結ぶ。

　「ミネルヴァ論争」においては、主に①②⑤⑥⑦の項目について議論されることとなった。

ミネルヴァ論争の展開：山内の主張

　山内は翌月の第 1 巻第 4 号（5月号）で「日本考古学の秩序」と題して、喜田に答えた。山内はまず彼自身の研究の生命線である、土器編年について解説していく。喜田の⑥⑦への回答である。山内は遺跡の発掘によって、縄文より上層に弥生があり、弥生の上層に古墳時代の遺物層があることが全国から報告されている。縄文時代終末の文化伝統は弥生文化の初期に、弥生文化末期の伝統は古墳文化の初期に濃厚であることから、三つの文化が年代を異にして時間的につながっているとする。三つの文化は各地方において長く存在していたが、その一地方だけみれば、

縄紋土器型式の年代的組織（假製）
（山内清男）

	渡島	陸奥	陸前	関東	信濃		畿内	吉備	四国	九州	
早	—住吉町—	—（　）—	—槻木1	三戸・田戸下	（曽根？）				小蔦島	戦場ヶ谷	早
				子母口、田戸上			廻転押型紋				
期			槻木2	茅山	（　）	粕畑					期
前	（石川野）	円筒土器下層式（四型式以上）	室浜	蓮田式 花積下							前
	（　）		大木1	蓮田式 関山	（　）						
			大木2a/b	蓮田式 黒浜	（　）	鉾ノ木	北白川1. 国府	磯ノ森		轟？	
			大木3/5	諸磯a/b	（　）						
期			大木6	十三坊台	（踊場）		大歳山	里木1.			期
中	（　）	円筒土器上a	大木7a	御領台	（　）						中
	（　）	円筒土器上b	大木7b	阿玉台 勝坂	（　）					（出水・曽畑・阿高 等々）？	
		（　）	大木8a/b	加曽利E	（　）			里木2.			
期		（　）	大木9.10	加曽利E	（　）						期
後	（青柳町）	（　）	（　）	堀之内	（　）	（　）				御手洗	後
		（　）	（　）	加曽利B	（　）	西尾	北白川2 三輪	津雲上層 黒崎			
		（　）	（　）	加曽利B	（　）						
期		（　）	（　）	安行1.2	（　）					西平	期
晩		亀ヶ岡式	亀ヶ岡式 大洞B	安行2.3	庄ノ畑式	吉胡	宮滝	津雲下層		御領	晩
	（　）		大洞B-C	安行3		吉胡	日下、竹ノ内				
			大洞C1 C2								
期			大洞A A'		佐野	保美	宮滝？				期

（ミネルヴァ第一巻第四号附表）

（　）相当ある型式があるが名の付いて居ないもの。

第23図　「縄紋土器型式の年代的組織（仮製）」表

この表は、『ミネルヴァ』1-4（1936年）に掲載予定であったが、実際には掲載されなかった。このことについて、山内は1967年に「この附表は本文中には組込まれなかったが、謄写版刷りにして希望者に配布された」（山内1967：p.145）と記している。

一つの文化ごとに文物の変遷がある。それを土器に代表させその変遷の段階を細かく分ける。これが土器型式であり土器型式を年代順に編成したもの（編年）を各地方で作る。これを比較して地方間の連絡の有無を調査する。そして地方間の編年の対比を試みることで、縦の構造（一地方の変遷）と横の構造（他地域との同時代性）を知ることができるとする。

　横の構造は地域が異なった土器であっても、例えば繊維が混入した土器型式は東北北部で確認され、同じ繊維が混入する土器は東北南部、関東、中部、北海道でも確認され、それぞれの地域で縄文土器型式のなかでも古い段階に位置づけられる。前期の羽状縄文は関東・中部・近畿・岡山県まで、また後期の磨消縄文は関東から九州まで分布している。つまり、各地域の土器は時間的位置が同じならば、多少の土器型式の違いはあっても、地方間には連絡がある（共通する要素をもっている）ということであるとする。これを基本に考えれば、縄文時代晩期の亀ヶ岡式前半（大洞B式・大洞BC式）が関東（安行2・3式）から中部（庄ノ畑式）・東海（吉胡貝塚）・近畿（宮瀧遺跡）まで、後半（大洞C₁式～）が中部（佐野遺跡）・東海（吉胡貝塚・保美貝塚）から出土していることは、東北から近畿まで縄文時代晩期の時間を共有している、つまり併存していることになり、東北から近畿の縄文時代の終末は大差がなかった、と理解できる。

　そして「東北の亀ヶ岡式と交渉を持ち得たのは同じく関東畿内に於ける縄紋式晩期であって、弥生式又は古墳時代ではないのである」（山内1936a：p.7）と、喜田の年代観を否定する。さらに弥生文化には大陸系の新来の文物があり、西日本に早くから到達し東日本に遅く伝わったということは常識的に認め得るが、「この常識を振りかざして、西日本に弥生式多く、東日本に縄紋式多きを以て両者の対立を推定しようとする意見もある。この場合に於いても関西にも関東と同様一通りの縄紋式のあることを忘れてはならない」（同：p.7）と、喜田の「常識考古学」に反論

する。

　山内はこの土器編年（第23図）とそこから見る年代観を解説したのち、喜田の主張の根幹の一つであった、宋銭や鉄器の共伴の問題（①②）について見解を述べる。山内は縄紋土器に宋銭が入っていたのは事実としても、蓋物である亀ヶ岡式土器と宋銭をこの蓋物に入れた時期が同じであるかは、別に考証が必要であるとする。これまで山内は、亀ヶ岡式土器の破片を器物としていた子供や土器を灰吹き（灰皿）に利用していた好事家に出会っており、そうしたことから、手に入れた土器を現代に再利用していたという疑念をぶつける。鉄製の曲玉についても、表面採集した中居遺跡付近には土師器を出す遺跡があり、鍛冶で使用する鞴（ふいご）が出土しているのでこの時期である、つまり縄文式土器には伴わないと疑う。鉄鏃についても後世の混入であると考えている。そして結論として東北の「亀ヶ岡式土器に就いて博士の説の若干を加えて見ると、これは世紀前二三世紀の支那文化を受けると共に、今から数百年前の日本文化をも取り入れて居る」「これに反して、関西の縄文式土器文化は、世紀以前に終末に達し、規定の如く弥生式、古墳時代に交代すると考えて居られる。又縄文式遺跡中に弥生式混ずれば、これを後代のものとし古墳封土中に弥生式を発見すれば、これを付近弥生式遺跡の土を盛ったものと我々に話されたことがある」（同：p.10）として、関西での推測を東北の事例にもあてはめて欲しいと要望する。

　このように山内は理論的な説明から、喜田の考えに再考を促すが、喜田の主要な論点の一つであった、⑤の石鏃の脚の問題には答えていない。じつは、この問題は別の場所で議論していた。それが同じミネルヴァが企画した座談会「北海道・千島・樺太の古代文化を検討する」（以下「座談会 北方文化」とする）であった。

座談会「北海道・千島・樺太の古代文化を検討する」での応酬

　この座談会は、「ミネルヴァ論争」のきっかけとなった「座談会　日本石器時代文化の源流と下限を語る」の後に企画・実施されたようだが、その具体的な日時はわからない。ただし「ミネルヴァ論争」開始の前後に開催していたことは間違いない[8]。その内容は『ミネルヴァ』第1巻第5号（6月）、第1巻第7号（9月）、第1巻第8号（12月）の3回に分けて掲載された（甲野ほか1936b〜d）。参加者は、馬場修・江上波夫・後藤守一・伊東信雄・喜田貞吉・三上次男・山内清男・八幡一郎で司会が甲野勇である。つまり、喜田と山内が対面で直接意見を応酬する場となっており、この「座談会　北方文化」は、「ミネルヴァ論争」の一部をなす重要な座談会であった。6月に掲載された最初の部分の内容は、14ページ中じつに8ページ（pp.23-30）が石鏃の脚の問題に費やされている。口火を切ったのは喜田であった。「山内君が何時も主張せられて居るように、日本全国並行して、石器時代の終末期がほぼ一緒であると云うことには

---

8)　山内の「日本考古学の秩序」（『ミネルヴァ』1-4：5月号）の冒頭に、創刊号の「座談会　石器時代の下限を探る」開催後に「座談会　北方文化」が行われたと記載されている。つまり「座談会　北方文化」は、創刊1-1（2月号）〜1-4（5月号）が刊行される間に実施された。さらに「日本考古学の秩序」にこの種の座談会が、歴史学研究会（2月17日開催：歴史学研究会編1936）、それに引き続いて考古学会で「考古学上の年代区分に就いて」（2月25日開催。正式タイトルは「上代の考古学的年代区分の問題」：考古学会編1936）、ミネルヴァで「座談会　北方文化」が開催されたことが記されている（山内1936a）。日付通りに並べているとすれば、開催の上限は2月末以降であろう。下限については喜田が最初の反論4月号の「日本石器時代の終末期に就いて」（文末に4月1日）執筆時に、すでに開催されていたかは不明だが、5月号以下の山内・喜田の論文はその内容から「座談会　北方文化」後に執筆したといえる。つまり「座談会　北方文化」は2月末〜4月に開催されたのであろう。ただし、両者とも論文中に「座談会　北方文化」に基づいた反論などの記載はない。

賛成し難い。土器の方の事は詳しく考えて居られるようだが、私はそれに関連して石鏃のことを併せ考えてみたい」（甲野ほか1936b：p.23）として、これまでの「石鏃の脚」問題を説明する。これを受けて江上が「鏃の脚の問題で気のつくことは、金属器の鏃は殆ど常に脚があることです」とし、それに続けて喜田は「私もそう思っている」（同：p.26）と同意して次のように述べる。「脚を付けるには鉄鏃を見て思いついた。ずっと歴史を下げて見て、金属の鏃には脚がある」（同：p.27）「鉄鏃・銅鏃の真似をしてやり出したと思う。実年代を見るにはそれが摑えどころになるでしょう」（同：p.28）とする。その実年代は「中国九州辺りでは石器時代の終末を告げたのは少なくとも奈良朝よりは余程前だろう」「大山研究所で採集せられた例の是川村一王寺の円筒土器遺跡から出た獣骨の中には、確かに○に違いないと云うのがある。（笑声）是を事実と信じたならば、どうしても平安中期に近い、あるいはもっと後になるかも知れない」（同：p.24）という年代観である。その根拠になっている引用文中の「○」の伏せ字は、喜田が『ミネルヴァ』4月号で記載した「猫」であろう[9]。これは家猫が日本で確認されるのは文献では平安時代であり、是川の円筒土器の年代が同じ時期まで存続すると考えるのである。また、この頃には鉄鏃が登場しこれが有脚であることから、石器時代の鏃にもこの風習が伝わったことを前提に、有脚の石鏃は平安以後であると推測するのである。喜田は石鏃の脚の問題について自信をもっていたようで、「山内君は石鏃の事に関係して考えていないようだね」（同：p.27）

9）　註7のように、大山史前学研究所から家猫ではない、と報告されるのは7月である。この座談会開催時点では喜田はまだその情報を把握していないため、座談会では縄文の年代が平安時代まで存続したことを、家猫を根拠としたいために、「猫」と発言していると推測できる。しかし、謝罪文を提出した4月21日以降の6月に活字化したため、具体的に記すことができず伏せ字にせざるを得なかったと考えられる。

と挑発する。

　これに対して「先程喜田先生は私が石鏃の問題を蔑ろにしていたと云う風に仰言いますけれども、実は慎重に構えていただけのことです」「陸奥の円筒土器に伴う石鏃は是川では脚が稀だが、津軽の相内では脚があって明に地方差があります」（同：p.29）と、同じ厚手式（円筒）土器でも伴う石鏃の形態が異なることを述べる。そして「関西では各時代に於いて脚の無い石鏃が使われ、関東東北に於いては古い時期に足〔ママ〕の無いものが多くて、後期に脚のあるのが出て来た。この点は未だ確立したとは思えないのですが、（中略）若しそう云う事実が現れたならば、単に脚のある石鏃は割合に後代に主として東北附近を中心（中心の誤りか：筆者註）として発達したものと考えてよい。（中略）関西にも関東の薄手式に比較すべき土器が一般的であり、これは明に古墳時代より遥に古いものです。鉄鏃が時間を超越して東北に命中するとは到底考えられません」（同：p.30）と、薄手式土器（後期土器）の出土から関東と関西が同じ時間を共有しているので、脚の有無は時間差ではないことを解説する。これに対して喜田は「兎に角古い時代の石鏃は脚が無く、脚がないもののみを出すのは早く廃せられた遺蹟だと思う」（同：p.30）とし、山内から畿内の縄文は脚がないが弥生には奈良県新沢村のように脚があることを指摘されると、「中国九州は弥生式でも脚が無い。脚を知らない前に石器時代が止めになったのぢゃ。これは事実だから仕方がない。理屈では行かん」（同：p.30）と述べる。しかし、喜田は「我が弥生民族は縄文式民族に遅れて此の島国に渡来し」（喜田 1936a：p.8）と考えているので、畿内において後からやってきた弥生に脚があることになり、反論にはなり得ないものである。

　また、後藤から北海道に於いて古い方に脚が有る石鏃が多いのか、という確認に対して喜田は「いや少ない。北海道の旭川辺りは厚手式ばか

りで脚のあるのが少ない」と返すが、「それぢゃ山内くんの云うのと同じであり、北海道も内地と同じ道程（プロセス）で発達したと云うことになるのではないですか」（同：p.30）と後藤に切りかえされている。後藤の意見は、この直前の山内の関西と関東・東北の有脚鏃の在り方の説明（前頁）をさしている。この座談会の1回目はこれ以降、北海道を中心とした北方地域の石器時代について話題が移って行く。2回目の掲載分ではその冒頭に、喜田が報告した岩手県大原出土、青森県久栗坂出土の宋銭が話題となる。そのことについて山内は、久栗坂の事例は近世に信仰関係の遺跡となったと考えられ、二つのまったく異なった、つまり時代と性格の異なる複合遺跡であると解釈する。そして3回目の掲載分の最後に山内は「若し文化的交渉があって文物が入って来るとすれば、同時代のものは大体同時代に入って来る。即ち大陸A時代のものは仮に北海道のX時代に入って来ることになる。その次の代の大陸文化が入って来れば、それも若干固まって入って来る。そして大陸B時代のものが北海道のY時代のもののうちに認められる。本来ならばこのように証明されねばならぬと思う」（甲野ほか1936d：p.50）と出土品の共伴関係の原則を述べている。

　この「座談会 北方文化」の1回目が掲載された6月号に、5月号に載った山内の意見について反駁の論文が喜田によって書かれた。

ミネルヴァ論争の展開：喜田の反駁

　喜田の反駁論文は第1巻第5号（6月号）に「「あばた」も「えくぼ」、「えくぼ」も「あばた」」と題して掲載された。「惚れた目から見れば痘痕も笑窪に見えるという諺があるが、反対にいやと思う眼から観れば笑窪も時に痘痕に見えようというもの」（喜田1936c：p.1）から始まるこの論文では、⑤石鏃の脚と①宋銭共伴の批判について反駁する。その骨子は喜田が事実であるとする石鏃の脚や宋銭の共伴について、山内にとって

「都合のよくない余輩の提示した石鏃の脚の有無の問題などは、全く閑却に伏せられて居」（同：p.2）て、これは色眼鏡で見ているためであり、自説に都合の悪い「事実」をあやしいものとして手軽に葬る態度は笑窪も痘痕に見える、ということである。事実に立脚して合理的な説明をするべきであり、「自己の仮定説を其のままに置かんとする立場からは成る程意外であろうが、それならばその仮定説に改訂を加うればよい」（同：p.6）と提案する。

　ただし、喜田のこの反駁は「座談会　北方文化」での石鏃の脚問題や山内の説明した編年に対してではなく、あくまでも喜田の持論を固める、喜田のいう「常識考古学」に基づいたものであった。例えば、山内が「世紀前二三世紀の支那文化を受けると共に、今から数百年前の日本文化をも取り入れて居る」（山内1936a：p.10）という亀ヶ岡式土器に数百年の隔たりがある文物が共伴することについては、「蝦夷は殊に古物を珍重し、代々之を持ち伝える風習があり、又好んで古風を尊重して、容易に改めない習慣がある」（喜田1936c：p.6）として、紀元前二三世紀の支那文化の文物は代々伝えられてきたもの（伝世品）であり、それが平安時代末（宋銭の時代）までも伝世したという推測で解釈した。

　しかし、これは山内の「日本考古学の秩序」（山内1936a）の最後で示した、関西で縄文文化が弥生文化、古墳時代へと推移するということが、東北にも適用ができるのではないか、とする問い掛けには答えていない。また、「座談会　北方文化」の3回目の最後で山内が示した大陸A時代のものが北海道X時代に伴い、次の時代の大陸B時代が北海道のY時代に伴う事例があって、初めて両時代の同時性が証明できるとする問い掛けにも答えていない[10]。いずれにしても喜田の蝦夷は伝世の風習が

10）「座談会　北方文化」の対談内容は両者の反論が出されている間は、まだすべて活字

あるとする論法は、先述した山内に指摘された関西の遺跡では、縄文の遺跡に弥生が混じればこれは後代のもの、古墳封土中に弥生式を発見すれば付近にある弥生式遺跡の土を盛ったものとする喜田の解釈（山内1936a）をあてはめれば、自家撞着に陥ってしまうため、それを回避するために考え出した論法であったといえるだろう。

　喜田は自説を補強するために、次の号で長野県諏訪郡で厚手式、薄手式の遺跡から宋銭が出土したことを、宮坂英式（ふさかず）からの手紙で知ったことを速報し[11]、「試みに我が国に於いて宋銭が流通した時代にまで、僻陬（へきすう）の地には石器時代生活の生蕃（せいばん）が遺って居たという事実を肯定するの立場から、是までの「秩序」に一部の修正を加えて見ていただきたいと思う」（喜田1936d：p.36、ふりがなは筆者）と、山内を諭している。

ミネルヴァ論争の展開：山内の反駁

　この喜田の新たな宋銭出土速報の次ページに、「考古学の正道」と題して喜田に対する山内の反駁論文が掲載される[12]。反駁の主対象となった論文「「あばた」も「えくぼ」、「えくぼ」も「あばた」」に対して「直ぐに感じたのは、笑窪はあるべき位置を持つが、痘痕の所在には秩序がないと云うことである」（山内1936b：p.37）と冒頭で応えている。縄文文化の終末は地方によって大きな差がある。辺境である東方や南九州などでは数百年の開きがあり、日本文化の侵略に伴って雑居し、文物を受けたとする喜田を代表とする意見に対して、山内は反論する。「学説はまさに

化されていなかったため、二人の間でこの座談会については触れないでおく、といった了解事項があったのかもしれない。
11）　宮坂による報告は次号に掲載された（宮坂1936）。
12）　原本では39頁と40頁の位置が入れ違っている。これは次号1-7号（9月）に正誤として出されているが、これを知らないとこの論文の論旨が通らないので注意を有する。

学問的事実の上に立つべきものであって、得体の知れぬ常識によって学問的事実を解釈するのは正道でないと思う。（中略）喜田博士等は、個別的に一流の解釈を附会されるが、何等資料の整備、組織的基礎を持たれぬことを特徴とするようである」（同：p.38）。

　また、山内はこれまでの共伴遺物の年代について整理・解説する。「今仮に二つの文化圏A、Bがあるとする。そしてこの文化圏の間に交渉が生じ、これが若干期間続いたとする。住民が帰来し、文物の伝来が生ずるであろう。かくの如く交渉は両文化圏の共通の年代に於いて生じ得るであろう。（中略）又、伝来する文物もA文化第一期のものはB文化の第一期に、A第二期はB第二期に伝来するのが一般的である」「弥生式（末?）に伴出すると云われる支那製品は前漢代を中心とするが、古墳時代の支那文物はより後代を中心とする。（中略）かくの如くして文物の来歴には一定の組織がある。一時代の文物はこれと同時代の他地方の文化のうちに伝えられ、次の時代のものは次の時代の文化に伝えられるのである。これは考古学に於ける地方間の年代対比を試みる場合に於いて基本的な事柄である」（同：p.38）。喜田の蝦夷の伝世風習に対する山内の返答である。石鏃についても分析方法などについて反論しているが、なかでも石鏃の脚が銅鏃・鉄鏃の脚のある鏃に影響されて登場したという推測が正しいならば、「この重要な文化現象は、単に石鏃のみに限らないであろう。これと共に諸形態の鉄器が併用され、又はその影響が認められるであろう」（同：p.41）と述べる。これは現代においても重要な視点である。さらに喜田が有脚の石鏃が新しいとする根拠に、関東地方では後期堀之内式には脚がほとんどなく、後期加曽利B式、最終期の安行式になると有脚になるとする、八幡の土器編年研究を論拠としていることに対して、「博士がこれを論拠とされるならばそれは同時に縄文式の年代区分を容認した事になるであろう」（同：p.41）と記している。「ミ

ネルヴァ論争」以前あるいは論争中にも土器編年に疑義を呈し、円筒土器（厚手）、亀ヶ岡式（薄手）には年代的な差がないとしてきた喜田の考えに矛盾を突きつけた。

　そして最後に宋銭の問題に触れる。一連の宋銭出土の事例が発掘による発見ではないこと。縄文土器との共伴が考古学的素養のない一般人の証言を基としていることから疑問があることは前回に述べているのだが、新たにこうした銭貨を調査して遺跡の年代に論及する方法を提示する。山内はこれまで東北や信濃に限らず、三河の保美貝塚、遠江の蜆塚からも中近世の銭貨が出土していることに触れ、全国的に銭貨出土事例を集め、そのうえで東北地方の宋銭だけが出土状態として縄文土器と同時期であることを喜田が立証すべきであるとする。本当に東北以外から宋銭などの銭貨の出土はないのか、という検証作業である。鉄器についてもそうした正規の調査を行うことで、「縄文式遺跡から後世混入の鉄器が出ることも亦東北許りでなく、普く各地にあるであろう」（同：p.43）と予測する。喜田が自説で援用した有喜貝塚の人骨に伴うとされる鉄鏃についても、山内は鉄鏃と土器の年代が離れすぎているので、両者は関係のない時代であるとする見解を示す。こうした提案ののち、「現在はかくの如き稀有の類似発見物によって年代を上下すべき時期はすぎ、精緻なる組織的調査の一般化しつつある時代であることを、切に感ずるのである。これは日本考古学発達史途上の一つの挿話であるにすぎないであろう」（同：p.43）と結んでいる。

ミネルヴァ論争の意義

　「ミネルヴァ論争」は、山内が「夫々別々なルールで戦って居る様なものである」（山内 1936b：p.37）と書き残しているように、文献の記載を根幹に据えて文献を検証する立場で考古資料を解釈する喜田と、土器編年

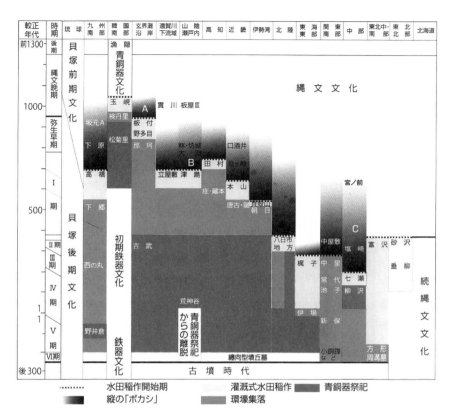

第 24 図　灌漑水稲を指標とした弥生文化の開始年代（藤尾 2013）

をもとに時間軸に沿って各事象を解釈していこうとする山内では、ルールが異なっていた。また、考古資料の解釈の基本である出土状況をどのように理解するのか、という資料操作の扱いでも、両者は大きく異なっていたといえる。「ミネルヴァ論争」は考古資料の解釈の方法について、その道筋と結果の妥当性を理解するモデルケースとなった。工藤雅樹が指摘するように、喜田のような『記紀』をもとにそれを検証する目的で考古資料を扱う方法ではなく、「考古学的な方法による編年の方法を主張した点」（工藤 1974：p.35）に、「ミネルヴァ論争」の意義は存在する。

しかし、その意義はすぐに理解されなかった。1936年に収まった[13]「ミネルヴァ論争」以後も、山内らの行った方法は少数の人びとの間で進められるものの、縄文土器編年を基とした縄文から弥生へあまり時間差なく移行するという考えは、確立した考え方にはならなかった。

戦後、関東・東北への弥生文化の波及は山内の土器編年とは異なる方法の、弥生土器の編年研究から導きだされたものが一般的となった（浜田 2018・2022a 参照）。それは弥生土器が大陸・朝鮮半島からやってきた人びとが製作した土器であるとする戦前の研究を基に、九州に渡来した「弥生文化」は段階的に東にそして北に拡がるとした学説（弥生文化伝播論、Chapter5 参照）であり、1980年代までパラダイムとなった。そして九州北部で縄文時代晩期（夜臼式）の水田が確認され、その夜臼式段階を弥生時代早期として編入したことで、弥生文化が東北まで伝播する時間差は拡がっていったのである。

その後、青森県に前期段階の水田が確認され、東北にも弥生時代前期が存在する、つまり畿内とほとんど時間差をもたずに弥生文化に移行することが実証された。ところが、21世紀に入り弥生時代早期の実年代が AMS によって500年遡った結果、水田指標での弥生文化は地域によって600～700年もの差が出るようになった。その間は、縄文文化と弥生文化が併存するという考えである（第24図：藤尾 2011・2013 など）。

これは弥生文化をどのように規定するか、という問題も含むとともに（浜田 2018・2022a 参照）、縄文文化と弥生文化はどの程度の間併存しているのか、という問題もつきつけている。「ミネルヴァ論争」の内容は、今もつづく現代的な課題なのである。

---

13) 中村五郎によると翌年にも喜田と山内は、アイヌの農業をめぐり論争している（中村 1996）。

Chapter 5

文化伝播・変容論争

弥生文化を作ったのは誰だ

≡ 概　要

　弥生文化は誰が担ったのか。このことを問題にした論争が、弥生文化伝播・変容論争（以下、「弥生」は省略する）である。この論争は、弥生文化は大陸・朝鮮半島から農耕技術をもった渡来の人びとによって築かれた（伝播論）とする森本六爾・小林行雄と、大陸・朝鮮半島から農耕を学んだ縄文人によって形成された（変容論）とする山内清男との間で主に繰り広げられた。

　その端緒は森本が1929年に弥生文化の成立は漢代文化の伝播であるとしたのに対して、山内が余り時間差を置かずに縄文文化から弥生文化、古墳時代に推移する構想を発表した1932年以降に活発化する。1951年に小林が弥生文化に縄文文化の伝統が存在するとし（伝播論の否定）、山内自身が弥生文化を担った人びとに、渡来人も関与していることを認め（変容論の否定）、1964年に終結した。しかし文化変容・伝播論争の終結後も、渡来人がどの程度関与しているかを推測する「担い手論」「主体者論」として現在も形を変えて議論されている。

　この論争は、考古学資料のとらえ方の道筋が示された論争であり、弥生文化が水稲農耕を行った文化であると定義されて以降、日本民族の起源を考えるための材料としても意識された。そのため、自然人類学の成果にも影響を受けながら、論が展開された点に特色がある。

二つのキーワード

　弥生文化を形成した人びととは、どのような人びとなのか。この問いに関する相反する学説が文化伝播論と文化変容論である。文化伝播論とは縄文人とは異なり、農耕技術をもった弥生人が海を越えて形成した農耕文化とする考え方で、文化変容論とは縄文人が農耕をとり入れて形成した農耕文化とする考え方である。

　文化伝播論は森本六爾・小林行雄、文化変容論は山内清男が提唱した学説で、昭和戦前〜戦後まで行われた論争であった。この論争の背景には二つのキーワードがある。一つは戦前の日本歴史を規定した「皇国史観」である。とくに「天孫降臨」「神武・日本武尊の東征」という記事を、解釈の前提とするか否かでありそれが両論を分けている。

　もう一つは土器が文化の指標となっていたことである。土器の文様や形が異なるのは使用民族が異なっていることを前提に、縄文と弥生の使用民族は異なっていると考えるか、弥生土器は縄文土器の伝統を引き継いでおり、時間的に連続するので両者は同じである、とするかによって分かれる。両土器を使用する文化は異なった民族のものである（伝播論）か、一体のものである（変容論）かである。伝播論では民族が異なるので、縄文文化と弥生文化はある一定の時期に日本列島に併存していた、と解釈することとなる。この論争は弥生文化の成り立ちを研究者がどのように考えたのかを知る重要な論争であり、論争終結後も「弥生文化の担い手（主体者）論」と形を変えて議論されている、現代的な課題でもある。

　この論争は、考古学の黎明期に行われた弥生民族論争（浜田 2018・2022a 参照）が背景として存在し、自然人類学（形質人類学）の研究成果とも密接に関わっている。そこでまず、論争以前の考古学・人類学での状況を見ておこう。

文化伝播・変容論争以前の状況：人類学

　文化伝播・変容論争は、後述するように 1932 年に山内清男が弥生文化には縄文文化の伝統も含まれていることから、弥生文化の母体に縄文文化があると考えた（山内 1932f・1939）のが論争の始まりである。しかし、それ以前に縄文文化と弥生文化の関係性は議論されており、出土品の類似や系統を問題とした議論と、人骨を題材にした自然人類学の議論が同時に進んでいたのである。

　日本考古学の黎明期には、出土土器の違いから民族の違いを想定する理解が基本であった。そのため、縄文土器を使用する人びとの文化（縄文文化）と弥生土器を使用する人びとの文化（弥生文化）は、異なっているという前提で研究が進められていたのである。

　また、縄文人（当時は石器時代人）が古墳時代の人びと（大和民族＝現代日本人の祖先）と異なっていたことは、古墳時代の人びとは鉄器を使用しており、貝塚と古墳から出土する土器（現代的にいえば縄文土器と須恵器）に大きな違いがあることからも、両者は容易に区別することができた。とくに大森貝塚の発掘によって日本に石器時代があり、先住民族として縄文人（概念とともに人骨の出土）が認識されたことで、縄文人の素性がアイヌかコロボックルかでの論争となった（清野 1944、池田 1973、寺田 1975、工藤 1979）。「石器時代住民論」（斎藤 1974）「コロボックル論争」（寺田 1975）などと呼ぶこの論争は、一時はコロボックルが優勢であったが（鳥居 1953）、1913 年コロボックル説を唱えた坪井正五郎の急逝と、1910〜1920 年代に人骨の計測をもととした小金井良精のアイヌ説（小金井 1904・1927）で決着したかに見えた。

　しかし、1926 年に清野謙次と宮本博人が人骨測定をもとにした、石器時代人はアイヌではないとする論文の発表によって、次第に石器時代

人＝アイヌという図式がくずれていく。清野・宮本は石器時代人・アイヌ人・現代畿内日本人の頭蓋骨を数値化し、石器時代人骨とアイヌ人骨の類似度は、畿内日本人とアイヌの類似と同程度であることが判明した。つまり畿内日本人を大和民族と考える以上、アイヌ民族ではないことは明白なので、石器時代の人骨はアイヌではない、と断じたのである（清野・宮本 1926a）。その清野らの方法は戦後池田次郎によって恣意的であることが批判されるが、同時に「日本人種論を生物学的レベルに引き上げた」（池田 1973：p.11）と評価された[1]。この清野の見解はその後変化していくが、1938 年の日本人種論を整理した意見（清野 1938）などから、「混血説」と呼ばれるようになっていく。

　これに対して「わりした理論」[2]から混血説を考えていた長谷部言人（ことんど）は、1927 年に東北地方の現代人がアイヌよりも長身で短頭であることは、石器時代以来あまり混血が進んでいなかったとする、後年「変形説」と呼ばれる考えを述べた（長谷部 1927）。

文化伝播・変容論争以前の状況：考古学

　こうした自然人類学からの見解とともに、考古資料から縄文人と弥生

1)　この時点で清野と宮本は「弥生式土器を使用したのは新来人種であってもよろしいが、人種の血がかわらなくても弥生式土器は使用できる。今日において日本人の多数は洋服を着ている。しかし洋服を着ているだけの程度において明治時代から日本人は西洋人と混血してはおらぬ。（中略）ひとり弥生式土器が新人種の到来と考えて疑いなしとするのはへんである」（清野・宮本 1926a：p.91）と述べ、長谷部の「変形説」に類似した考えを示している。

2)　長谷部は日本人の呼称を、料理の「わりした」（割り下地）の比喩を用いて説明する。「醤油はこれを「わりした」と云うを得ず。多量の鰹節煮汁、少量の味淋（ママ）を加えて、始めて「わりした」を組成するものなり」としている（長谷部 1917：p.130）。この説明文の「わりした」を日本人、「醤油」「味醂」を天孫族や石器時代人に言い換えれば、この時点での長谷部は清野の「混血説」に極めて類似した考え方をもっているといえる。

人の関係性を推察する考えが出されるようになってきた。その先鞭を付けたのが鳥居龍蔵である。

　鳥居は1894・1904年の満洲踏査、1910〜1916年の朝鮮半島の調査によって、満洲・朝鮮半島から出土する石器が、弥生土器とそれに伴う石器に類似することに注意した（鳥居1905・1908）。その類似を「弥生式土器派の者は現に大陸にある石器時代の遺物と殆ど全く同一であって、（中略）日本人は朝鮮半島を経て日本に渡来したものと思われる」（鳥居1916：p.195）として、弥生人は『記紀』にいう国津神のことであり、満洲・朝鮮半島からの渡来人ととらえ「固有日本人」と名付けたのである。

　これに対して長谷部言人は、1917年に文化遺物だけで渡来だと判断するのは疑問であることを投げかけた（長谷部1917）。

　また、1918年に濱田耕作は、大阪府国府遺跡の下層から縄文土器、上層から弥生土器が出土しており、これは両者が雑居していた、あるいは後から弥生人がやってきたとする従来の解釈に疑義を表す。彼はエジプトやギリシャで同一人種でも時間を経過するとともに技術やデザインに変化が生じるのは普通だとして、縄文土器と弥生土器は主として時代によってデザインや形に変化が現れたとした。両者は同じ民族であり、縄文人が大陸や朝鮮半島の影響を受けて弥生人となったと考えた（ただし、影響をうけなかった縄文人はそのまま縄文土器を作り続けたとする。浜田2018・2022a参照）。濱田はこれを「原日本人」と名付けた（濱田1918）。

　これに対して、喜田貞吉は国府遺跡出土の縄文土器と弥生土器の形やデザインを繋げる中間物が存在しないので、この論法は無理がある（喜田1918a・b）として、反対の意見を述べる。

　この後、1918年9月に松本彦七郎が喜田の方法論の矛盾を指摘し（松本1918）、長谷部も12月に国府遺跡の縄文は、弥生式土器に近づいた石器時代土器であると解釈し（長谷部1918）、喜田の疑問に反駁している。

これを受けて、1919年には縄文と弥生の民族の違いやその方法論について、喜田貞吉・濱田耕作・長谷部言人・松本彦七郎・中山平次郎によって、『民族と歴史』『歴史と地理』誌上で論争が行われる（喜田1919a・b、濱田1919、長谷部1919、松本1919a、中山1919）。この論争は喜田が文献に見える人種を、縄文人や弥生人にあてはめる方法に対して、浜田が後世の編纂物や伝説などを根拠として、先入観に囚われてはいけないと批判し、喜田は文献を無視して研究する態度が間違いであると反論する。喜田はその実例として、長谷部が石器時代人が日本人の祖先だという考えや弥生人を別系統の人だと決めてかかることはできないとする意見に対して、蝦夷が今日のアイヌの系統に属することは、間断無い記録（文献）の連続が証明しているとする。松本は土器の変化は弥生土器から古墳時代の土器（土師器）が漸進的であるのと同様に、アイヌ式（縄文）から弥生も同様であるとし、北陸や東北の遺跡での分層発掘で説明する。中山は弥生は石器時代と古墳時代と時間的な連続性があるとするが、弥生人は大陸からの渡来人であると考える。

文化伝播・変容論争以前の状況：弥生文化の生業

　このように縄文人と弥生人の関係が議論されるなか、弥生文化が水稲農耕を行っていることが次第にわかりはじめてきた。九州北部で弥生遺跡の踏査・調査に邁進していた中山平次郎は、1920年福岡県岩崎で弥生土器とともに焼け米を出土する竪穴の報告を受け、1923年には現地で実際に竪穴から弥生土器と焼け米の出土を確認した（中山1920・1923）。中山はこれによって弥生文化に稲作が行われていたことを確信することとなり、加えて1925年に山内清男によって籾圧痕のある土器が報告された（山内1925）ことで、弥生文化に稲作が存在していたことが、研究者の間で理解されることとなった（浜田2018・2022a参照）。

弥生文化が農耕社会であるという確信は、それまで議論されてきた縄文と弥生の関係性の議論に大きなインパクトを与えることとなった。一つは縄文文化と弥生文化が生業を異にした社会であり、両者は明確に異なった文化であると想定できることである。これによって、日本文化の源流が古墳時代ではなく、それに先行する（この段階ではまだ確定していなかったが）弥生文化の段階に想定でき、縄文と弥生を土器ではなく、生業の面からも区別できる理由が生まれたのである。

　もう一つは主要な栽培作物と推測するイネは、日本では野生種が認められないことから、弥生文化とともに日本列島以外の地から栽培技術とともに渡来してきたと考えられるようになったことである。この渡来の在り方は、日本の歴史的・地理的な特性からみても、大陸・朝鮮半島から九州北部に入る、というコースが暗黙のうちにできあがる。そして、『記紀』の「天孫降臨」神話にも合致するのである。

　この二つのインパクトは縄文文化と弥生文化の関係性の問題、文化伝播論と変容論の論争に大きな影響を与えたのである。

文化変容論の提示：山内清男

　山内清男は縄文土器の研究から、東北の終末段階の縄文土器（大洞諸型式）は系統的・法則的に発達していく。そして最終末の大洞 A′ 式の直後（あるいは一型式おいて）に、籾圧痕がある桝形囲式土器に移行する。大洞式の前半（大洞 B 式～C_1 式）に類似する土器は関東・中部（東海地方を含む）、後半（大洞 C_2 式～A′ 式）の土器が中部から出土しているので、関東・中部以東は東北と同じように縄文文化から弥生文化に甚だしく年代の差をもたない、という考察を 1930 年に得ていた（第 23・25 図：山内 1930）。

　これをもとに 1932 年に、日本の先史時代が、縄文文化―弥生文化―古墳時代の段階を追って推移し、それは北海道と南西諸島を除く地域で

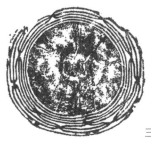

三河・吉胡貝塚

信濃・庄ノ畑遺跡

三河・保美貝塚

第 25 図　中部（東海）地方出土の大洞式土器（山内 1930 を改変）

は、ほぼ時を同じくして移行した、という考えを月刊雑誌『ドルメン』
に 7 回にわたって連載・発表する（山内 1932a-f・1933）。

　そのなかで弥生文化を、海外との交渉が著明となり、農業が一般化し
た社会の前半（後半は古墳時代）であると明言した（山内 1932b）。そして弥生
文化の特質性に触れ（山内 1932e・f）、弥生文化の遺物には、大陸系のもの、
縄文文化からの伝統を保つもの、弥生文化において特有の発達を示すも
の、の 3 つがあることを指摘する（山内 1932f）。そのなかで「弥生式土器
の土質、焼成は、略々同時代の南鮮の土器と近似して居る」しかし「一
般に朝鮮の同代土器にくらべて、器形の変化が多いのは既に注目されて
居る。これは前代の縄紋式土器からの伝統とすべき部分、また、弥生式
に於いて新生した部分を有するからであろう」（山内 1932f：p.50）として、
この当時文化を分ける基準である弥生土器が、縄文土器の伝統を受け継
いでいることを述べる。

　この連載論文は、1939 年に補注を付けて一冊の単行本として出版す
る（山内 1939）が、そのなかで「自分は茲で<ruby>茲<rt>ここ〔ママ〕</rt></ruby>弥生式の文物を大陸系のも
の、縄紋式からの伝統とすべきもの、特有の発達を示すもの―この三者
に分けて考え、とくに縄紋式からの伝統の存在を強調した<ruby>心算<rt>つもり</rt></ruby>である。
（中略）自分が弥生式の母体は縄紋式にあると云う持論を有して居るので、
その前提として指示したのである。この問題については相当自重して

物を云いたいと思って居る」(山内 1939：p.41、ふりがなは筆者)とし、縄文文化の延長に弥生文化が存在するという考え方、「文化変容論」の考えを、この段階でもっていたことがわかる。なお「相当自重」したいというのは、現代日本人に連なる農耕民族(弥生人)が、先住民族である狩猟採集民族(縄文人)の伝統を受け継いでいる「民族」であるとすれば、『記紀』の「天孫降臨」などと整合性がとれなくなり、それを糾弾されることを恐れている、と推定できる。

　山内が農耕民族の渡来を想定して弥生文化を形成したと考えていないことは、山内とは真逆の考えをもっていた小林行雄が「日本人は石器時代以来人種的に変わっていないという説に信頼して、弥生式時代の発足を国内的な原因によって説明しようとしている」(小林 1951：p.162)という発言からも理解できる。戦後山内は「私は以前、刺激は外から受けたにしても、弥生式の母体は縄紋式にあるとの考按を持ち(日本遠古之文化新版昭和 14 年)、又文化変容の現象をそこに見(考古学協会総会京都昭和 24 年)ようと考えたのである」(山内 1952：p.123)と発言するが、その「刺激」は、渡来人ではなく縄文人が主体的に受容した農業技術であった、と考えることができる。

文化伝播の提示：森本六爾・小林行雄

　渡来人を考えない山内清男の「文化変容論」に対して、それより以前の 1929 年に森本六爾は、弥生文化の性格を次のように発言していた。彼は金石併用時代とされていた中山平次郎の弥生文化に関して、青銅器時代の名称を与え、「石器時代の連鎖的進化ではなく、概して漢代文化の伝播によるもの」(森本 1929：p.3)とし、「北九州の古い弥生式土器は、秦漢式土器の影響を其の発現の最初に持つ」(森本 1930b：p.133)。と考えた。そして 1935 年には「縄文式文化の自然的発展が弥生式文化となっ

たのでは決してなく、弥生式文化が其の伝統を縄文式文化に仰いでいる
よりは遥かに多く大陸文化の輸入或は伝播に基礎を置いていることを示
すのであります。即ち両者は前後の関係こそあれ、大体異質の文化であ
りまして、弥生式文化は「周末漢初及び漢」様式の文化の流伝によって
飛躍興起した文化で、そして北九州から漸次東北日本へ進んでいったの
であります」（森本 1935：p.81）、として「文化伝播論」の立場を明らかに
した。これをさらに明確にしたのが、森本主宰の東京考古学会に参加し
た小林行雄であった。

　小林は最も古いと考える弥生土器に「遠賀川式土器」の名称を与え
（小林 1932c・1938）、大陸由来の石器（石庖丁など）や青銅器など縄文文化に
は存在しなかった文物を根拠に、「遠賀川式土器は海原の彼方に故国を
もつ」（小林 1933：p.184）「遠賀川式系土器の人びとが日本に伝えたのは、
轆轤の技術をもった農業文化である」（小林 1934：p.287）と判断する。そし
て、大陸や朝鮮半島に故地をもつ遠賀川式土器の使用者こそが、日本に
農業を伝えた文化伝播者であると考えた。小林は戦後「遠賀川式土器が
北九州で生まれて、東のほうへ伝わったのが、弥生文化の起こりなの
だ」（小林 1947：p.28）と述べているように、戦前の段階において水稲農耕
に立脚する弥生文化は、列島内の縄文文化が発展したものではなく、渡
来人によって成立したという文化伝播論の考えをもっていたのである。
そのため、日本に農耕を伝えた人びとの存在を示す土器が、すなわち最
古の弥生土器＝遠賀川式土器である、と彼は考え、遠賀川式土器の分
布する範囲が、弥生文化の前期の範囲であると理解したのである（小林
1933・1938）。

「文化伝播論」の逡巡

　弥生文化は大陸・朝鮮半島に故地をもつ農耕技術を携えた渡来人に

よって始められた文化であり、民族の交代を伴うものであった、と考える「文化伝播論」について、小林は戦後間もない1947年に出版した、架空の対話形式の著作で次のように述べている。

　大陸や朝鮮半島に古い弥生土器、すぐに弥生土器になるような土器が存在するのか、という想定の問いかけに対して「それはない。たしかにこれが弥生式土器の前身だ、といえるような都合のよい土器は残念ながらまだ発見されていない、というのが一番正直な答えだよ。しかし、同時に、今までに発見されている土器だけでもよい、もっと本腰を入れて分析してみたら、向こうの弥生式土器とでもいってよいものが、きっと見付かると思っている」(小林1947：p.29)。

　また、縄文文化と弥生文化では人間（人種・民族）が違うのか、という想定質問に対して、「僕は弥生文化が生まれるためには、どうしても新しい人間が、新しい文化を持って、日本に来たことを考えるよりほかに、方法がないのではないかと思うのだ」(同：p.34) と答えている。

　縄文民族が弥生民族によって追い払われたとは考えられない、という仮想質問に対して「そこなんだよ、正直なところ、僕もまだ迷っているのは。(中略) すでに日本に住んでいた縄文民族を、すっかり追いはらうような優勢な量は、必要ではないと思うのだが」とし、「追々に縄文民族を吸収し、弥生集団を膨張させつつ移動した、と考えれば、おそらく、君が予想したほど大きな量でなくてもすむだろう」とする。

　それに対して、遠賀川式土器を使用する人びとが縄文民族を吸収してさらに弥生式化された土器になるのは矛盾するのではないか、とする想定質問に対して、遠賀川式土器こそ弥生土器の祖型に近いものであり「遠賀川式土器から分かれた土器様式は、多かれ少なかれ、縄文式土器との混血児だ、という気がする」(同：p.34) と答えを記述する。

　この対話形式の文章は、さまざまな対談相手を想定しているのであろ

うが、この部分も含めて多くは山内を意識していることは間違いない。この文献からうかがえる論争のポイントとなるのは、弥生土器の成立にあたり、（想定する）遠賀川式土器の祖型となる土器と縄文土器のどちらの伝統を受け継いだのか、という点であろう。土器を文化・時代の指標としてとらえている段階にあって、この問題は弥生土器が誰によって製作されたのか、を探ることで文化・時代の荷担者を決定すると考えていたわけである。そして、このことが後に民族の交代を伴う文化伝播論が成立しない根拠となったのである。

「文化伝播論」の終結

　小林の書籍が出版された同じ 1947 年に、山内は二つの意見を表明する。一つは弥生文化の農業の内容についてである。山内は縄文文化では男性が狩猟、女性が採集活動に従事し、弥生文化では銅鐸絵画から狩猟と農業が併存していたとし、この農業は「最初植物性食料の採集に任じて居た女子の仕事として受け入れられ、一般化したものではないかと考えて居る。即ち耨耕（Hackbau）の状況である。（中略）しかし漸次耕地の増大に伴って、男子も亦主要な役割を持つようになり、集約的な農業に進んだものであろう。かくして弥生式末から古墳時代にかけて後世日本と同様園耕（Garten-bau）に達したであろう」（山内 1947：p.201）と解釈した。これは、農業の開始が採集活動を担当していた女性によって、最初は鍬や鋤など人力で操作する最も初歩的な 耨耕 から始まり、弥生時代の終わり頃に男子も加わって灌漑を伴った小規模な集約的な農業である園耕に移行したと解釈するものであった。そして縄文人が主体的に農業をとり入れ弥生文化となったとする、戦後の山内の「文化変容論」の中身でもあった。

もう一つは日本人類学会での発表である[3]。山内は日本人類学会の例会で、大洞Ａ式に伴う口縁部に隆帯を有する土器が「縄紋式最末期、弥生式の直前に位すること、[ママ]これと同様の口外側に点列ある隆帯を有する土器

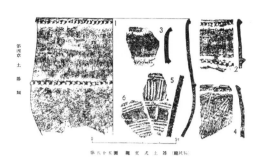

第26図　唐古遺跡出土の「点列ある隆帯を有する」土器（小林1943を改変）

が、九州の遠賀川式、岡山高島の同系の土器、畿内唐古などに於いて弥生式の古い部分に遺存する」（山内1952：p.123）と発表したという。山内が発表した「点列ある隆帯を有する土器」は、後に突帯文あるいは夜臼式と呼ばれることとなる（第26図：杉原1955、坪井1956・1981）。山内のこの発表内容は公表されていないが[4]、それまで文化伝播論をとっていた杉原荘介は文化変容論に考え方を変えたように（杉原1950、山内1952）、このイ

---

3)　この時の具体的な発表内容をうかがえる資料はない。山内が10月とする（山内1952）発表の月について齟齬があるが、日本人類学会の4月24日の例会で、タイトルを「縄文式末期について」として発表したことが、『民族学研究』の彙報欄で知ることができる（執筆者不明1948）。

4)　内容の一部は、愛知県吉胡貝塚の報告文に見ることができる。「晩期新　第二トレンチ北部、中央部上層土器を標準とする。無紋土器が大多数である。表面に削痕あるものも相当あり、磨痕あるもの、滑面を作ったもの等精製土器[ママ]が殖えている、條痕は稀、深鉢形が多く、円筒形又は頸部に湾曲のないものもある（口縁は撫でられ外方に押出されている）。頸部が縮約し湾曲のあるものが著明となり、頸部にのみハイガイの條痕を有する例もある。体部は屢々削痕があり粗面である。口縁は単純なものもあるが、外面に隆線を有し、その上に刻目又はハイガイ腹縁の刻目あるものが目立つ。略同形の精製又は比較的精製土器には、外面に隆帯（上は無紋）又は高い平坦面を有するものがある」（山内1952：p.122）

ンパクトは強かったようである。

　杉原は「弥生式土器の一つの大きな性格として、土器に精粗の二つが
あり、精製土器は貯蔵形態を、粗製土器は煮沸形態をとるとされてき
た。しかし、現在のように弥生式土器直前の縄文式土器が明瞭となって
くると、この弥生式土器の性格は、すでにそれらの縄文土器の中に認
められるのであって、弥生式土器独特の個性とはいわれない。なおま
た、立屋敷式土器・唐古式土器の壺形土器における口辺部がわずかに外
方に拡がり、頸部が直斜し、段をもって胴部へ拡がる形態は、弥生式土
器の場合は一般に器形が大形となる傾向があるとはいえ、これら縄文土
器の、殊に是川式土器[5] 以後の壺形土器に見る強い特徴であって、両者
の類似性に驚かされる。前者と後者に前に述べた如く時期的な差があれ
ば、立屋敷式土器および唐古式土器の中に縄文土器の系統を認めざるを
得ないのである」（杉原 1950：pp.9-10）と述べている。

　こうした内容が影響したかは明確に述べていないが、1951 年に小林
も「土器の研究が著しく進展して、両種の土器自身の中における変遷が
強く留意せられるようになった今日では、縄文式土器の中にすでに弥生
式土器を生み出す素因が考えられ、弥生式土器の中に縄文式土器の伝統
の残存が認められたりするので、縄文式土器にはまったく見ることので
きない弥生式土器の特徴などというものを、従来のようにはっきり取り
出して見せることが困難になった。弥生式文化のことごとくが、新しい
移住者のみの手によって経営されたというような考え方は成立する可能
性が乏しい」（小林 1951：p.130）と記述する。遠賀川式土器は大陸・朝鮮半
島の農耕集団の土器に源があり、縄文土器とは無関係に成立したと定義
付け、それを根拠に縄文人とは異なる渡来人によって日本列島に農耕文

---

5)　是川式は亀ヶ岡式、山内の縄文時代晩期の大洞諸型式のことであろう。

化（弥生文化）を広めたとする、「文化伝播論」は、土器製作の側面から、この時点で終結したといえる。

人類学からの分析

　考古資料から弥生文化は大陸・朝鮮半島からの渡来人による文化であるという文化伝播論は、成立することが難しくなった。小林の考えが表明された後、山内は弥生式の母体は縄紋式にあると考え、「資料は逐次集積されつつあることは確信出来るのである」（山内 1952：p.123）として、文化変容論に対する自信を披瀝している。しかし、そうした解釈も人骨の研究から、再考を余儀なくされることとなる。それは金関丈夫が行った出土人骨の分析であった。

　金関は出土人骨のうち、大腿骨から身長が推測できる縄文人骨 105 体（男 63、女 42）、弥生人骨 33 体（男 19、女 14）、古墳時代人骨 5 体（男 3、女 2）と現代の九州、対馬・南朝鮮の人びとの身長を平均値で比較した。その結果男女とも弥生時代人が縄文時代人よりも 3 cm 前後、古墳時代人よりも 1.78〜0.2 cm 長身であったとする。この結果を金関は環境の変化あるいは人種の要素の可能性と結論づけることはできないとしながらも、環境の変化であるならば現代人は弥生人よりも高身長のはずだが、それが見られないということは、環境の変化であることを想定するのは困難である、とした（金関 1955）。そして結論として、弥生文化とともに高身長の新しい人びとがやってきて縄文人と混血したが、その後に渡来する人びとが少なかったため、次第に高身長の形質が縄文人の形質に吸収されて特徴を失っていった、とした。金関のこの考えは、「渡来説」と呼ばれることとなる（池田 1973）。

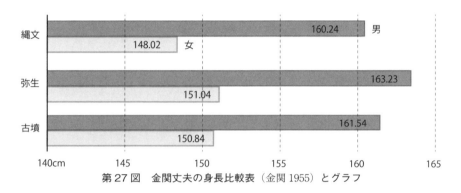

	♂			♀		
	例数	平均値	彌生時代人との差	例数	平均値	彌生時代人との差
彌 生 時 代 人	19	163.23		14	151.04	
日 本 石 器 時 代 人	63	160.24	2.99	42	148.02	3.02
日 本 古 墳 時 代 人	3	161.45	1.78	2	150.84	0.20
現代北九州および その付近	917	160.20	3.03	732	149.04	2.00
現代対馬および南朝鮮	927	163.24	−0.01	431	150.54	0.50

第 27 図　金関丈夫の身長比較表（金関 1955）とグラフ

「文化変容論」の終結

　金関の「渡来説」は、渡来人を想定していた小林を勇気づけた。小林は 1958 年に『民族の起源』を発表し、このなかで稲作の技術は経験がなければ成功率が低いことを前提にすれば、縄文時代に稲作の存在は認められないので、弥生時代のはじめに稲作農耕民の渡来を認めなければならない、とした（小林 1958）。

　金関の分析は、文化変容論にも変化をもたらした。山内は人口（遺跡数）が増え朝鮮半島から移住者がおり、混血があったことを 1964 年に初めて活字にした。「この急激な人口増加の他の一翼を担っているのは、朝鮮半島を経た新しい移住者であった。（中略）文化の流入と共に新しい人々も流入し、混血があった。そして混血の部分に人口の増殖が多かった。かくてこの土地の住民の体質を漸次変化せしめたと考えられる」（山

内 1964：p.122）。

弥生文化は縄文人が
農耕や金属器の文化を
自らとり入れて開始さ
れたと考えていた山内
は、朝鮮半島からの移
住者とその混血による
人びとが弥生文化を
作ったことを認めた。

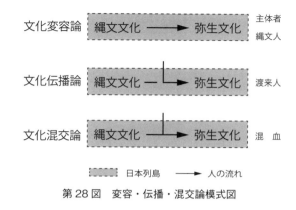

第28図　変容・伝播・混交論模式図

この時点で「文化変容論」は終焉したといえるだろう。「文化変容論」
と「文化伝播論」は、ここにその対立が解消した。

　なお、金関が「渡来説」を考えるようになった主たるデータであった
山口県土井ヶ浜遺跡出土人骨には、抜歯がある長身の人骨が確認されて
おり、弥生文化に縄文文化の伝統が引き継がれていることを、山内は再
度強調し書き残している。

文化変容・伝播論争の現代的意義

　文化変容・伝播論争はこれまで見てきたように、縄文人と弥生人をどの
ように考えるのか、に発端があるといってよい。伝播論が縄文人と弥生人
を異なる人びとであるとし、変容論が両者を同じだと考えたわけである。
そして両者が混交して新たな文化を築いたとする金関の混血説を受け入れ
て、弥生文化は「文化混交」とでもいうべき内容に変化してきた（第28図）。
この考え方は、現在においても基本的には受け入れられるものである[6]。

6)　縄文の突帯文土器と弥生土器の製作技術、とくに粘土紐の幅とその積み上げ方に違
　いがあり、弥生土器は朝鮮無文土器や松菊里型無文土器に共通することから、「縄文土
　器と弥生土器とは系譜を異にするもの」（家根 1984：p.67）という考え方もある。ただ

しかし、伝播論に見られる弥生文化の形成者が、先住民族である縄文人を駆逐したというような極端な考えはしないものの、渡来の人びとが弥生文化形成にどの程度関与したのか、という「主体者論」「担い手論」と呼ぶ新たな論争が続いている（浜田 2018 参照）。この論争には人類学者も巻き込んで、大量（300万人）の渡来人を想定した研究（Hanihara1987、後に130万人に修正：埴原 1993）とそれを否定する人類学者の意見（中橋 1993、片山 2015）・考古学者の意見（田中 1991・2002・2014）が存在する（浜田 2018 参照）。

　ただし、これらの論争には注意が必要である。日本人はどこから来たのか、日本人とは何か、といった日本人を自認する人たちの自尊心、アイデンティティーをくすぐるテーマが隠れているからである。そのテーマ自体は単なる興味の範囲内ならば問題はない。しかし学問的なテーマとなった場合に、弥生文化を構成する要素に縄文文化の伝統が存在すると認めるならば、弥生文化は大陸や半島の文化そのものではないので、意味のないテーマになる。つまり、弥生文化は縄文文化との融合で形成されていると認めるならば、そこにどの程度の渡来人が関与したのか、はそれが解明されたからといって、そこにどのような意味があるのか不明だといえるのである。むしろ、大陸・半島系と日本固有系の人びとの割合といった区別、弥生文化は外来の人びとによるものか、伝統的な人びとによる文化なのか、といった一種のナショナリズムに利用される危惧の方が大きいと考える。そうした明確な目的をもたないままで弥生文化の主体者を議論するのは、再考すべきである。

　そして文化変容・伝播論争の成果は、現在議論されている「主体者論」「担い手論」にも引き継がれていることを忘れてはならない。

し、その後のレプリカ法による突帯文土器でのイネなどの穀類の存在（中山 2019 など）が認められるので、突帯文土器も弥生土器に含んで考えられることから、この考えは再考が必要となった。

Chapter 6

弥生戦争論争

戦争の証拠は何か

概　要

　弥生時代に戦争があったか。あったとすれば何を根拠にしているのか。この問題は戦後になって詳しく論及されていく。

　そのきっかけは、稲作が主体となる弥生時代において、水稲農耕に不向きな高所に存在する「高地性集落」の議論であった。つまり水稲農耕を営めない弥生時代の集落とは、いかなるものなのか、という問いかけである。その一つに「戦争」に関する集落と解釈するものがあった。その後こうした高地性集落の出現時期、高地性集落からの大型石鏃の大量出土、環濠集落の性格、『魏志倭人伝』にある「倭国乱」との整合性をもとに弥生時代における戦争の状態、「弥生戦争論争」が本格的に始まる。

　さらに高地性集落に先駆けて注目されていた、武器が人骨に嵌入<ruby>嵌入<rt>かんにゅう</rt></ruby>していた、殺傷人骨が北部九州で注目されるようになり、次第に弥生時代に戦争が存在していたと理解されるようになってきた。

　こうした「弥生戦争論争」をリードしてきたのが、佐原眞であった。佐原は弥生時代の戦争を論じる過程で、農耕や定住がその引き金になったのであり、始めに戦争はなかったという考えのもと終世戦争の原因を突き止めようとした研究者であった。そのため、この *Chapter* では多くの人びとが参加したこの論争を、佐原を軸にして解説していくこととする。どのように論争が進んだのか、に注意して読んでほしい。

戦争とは何か

　弥生時代の戦争論争を解説する前に、戦争に対する概念（戦争とは）を定義付けておきたい。

　身近な辞書で「戦争」は、「複数の国家、または集団の間での物理的暴力の行使を伴う紛争である。国際紛争の武力による解決である」。「紛争」とは「事がもつれて争いになること。個人や集団の間で、対立する利益や価値をめぐって起きる行動や緊張状態をいう。もめごと」（『スーパー大辞林』三省堂、2010）と定義される。「戦争」は国家間の武力行使であり、「紛争」は個人や集団でのもめごとというニュアンスである。

　弥生時代が国家と呼べる段階であるのか、「国家」とは何か、という研究者によってとらえる概念が定まっていないことも含め、弥生時代の争いに近代以後の用語である「戦争」を使用すべきではない、と考えることはできる。しかし、これに変わる言葉として「争乱」「大乱」「戦い」「戦闘」「争い」「紛争」「騒乱」などを使用しても、その理解にはあいまいな部分を残す。また、考古学的な証拠に基づいて「戦争」なのか「紛争」なのかを見極めることは難しい。そこで本書では「個人間や集団間で対立する問題を武力を用いて解決する方法や行為」を「戦争」として定義し、このなかに従来研究者が使用してきた「争乱」などの言葉も含めて、使用していきたい[1]。ただし、引用文や状況を説明するために、「争い」「争乱」など「戦争」という用語以外で表記する場合もあるが、それはここではすべて上記の「戦争」と同じ内容としておくこととする。

---

1)　佐原眞は「考古学では、戦争を、「多数の殺傷をともない得る集団間の武力衝突」と定義しておきたい。（中略）「考古学資料にもとづいて認めることのできる」という修飾語を前につけた方が安全かもしれない。」としている（佐原 1999：p.59）。

戦争論争の前史：戦前の武器研究

　弥生時代の戦争に関する議論は戦後になって活発化する。

　戦前では日清・日露戦争や太平洋戦争を経験している社会的状況であっても、弥生文化での戦争を真正面から取り上げたものはほとんどない。古墳時代以前の戦争の状態について議論が低調であったのは、銅剣・銅矛など、武器と考える青銅器が伴うのは、弥生文化か古墳文化かが未確定であったことが一つの原因でもある。そのため、弥生文化に青銅製武器が伴うことが判明してきた中山平次郎の 1918 年以降の研究によって（浜田 2022a 参照）、ようやく弥生文化の武器類として、銅剣・銅矛・銅戈（ただし、この当時は「クリス形銅剣」と呼称）の分析が始まる。

　高橋健自は 1916 年以降続けてきた青銅器の研究（高橋 1916a〜d・1917）と梅原末治の研究（梅原 1923a〜d・1924a・b）を基礎に、銅剣・銅矛・銅戈にすべて刃部（峰部）幅の広狭の別による 2 種類が存在していることを整理し、広くなるのは実用を離れた退化型式であることを述べている（第 29 図）。ここから峰・刃部が広くなるタイプはこれ以降実用ではなく、儀礼用の器具（以下「儀器」）であるとする考えが生まれ、青銅器を模した

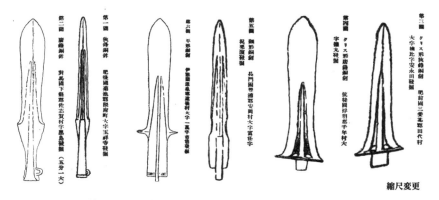

縮尺変更

第 29 図　銅鉾・銅剣・銅戈の形式分類（高橋 1925 原図）

磨製石器があることも指摘されるようになった（高橋 1925）。

　ただし柴田常恵は著書の原始日本民族（弥生文化のこと）の説明のなかで、事例をあげない（前の頁で神奈川県小田原遺跡をあげているので、これを事例としているのかもしれない）ものの、高い山上に遺跡があるのは、戦時の城塞だとし、数条の塹壕を掘ったものがある。石鏃や銅鏃の存在から弓矢があり、銅剣や銅鉾も武器として利用されたと述べている（柴田 1924）。

　高橋・柴田の研究の後、後藤守一は藤蔓状のものを巻き付けた長い柄が横たわっていたという発見者の証言から、有孔石剣を武器（短剣）であるとした（後藤 1930）。

　山内清男は青銅製の鏃・剣・槍などがあるがこれらが実用に附されたか疑問であり、「寧ろ青銅製の剣、鉾、磨石製の短剣などと同時代に、同じ意味の利器が打製の手法で造られたと見ることが出来る」（山内 1932f：p.25）として、打製石器が弥生文化に武器として存在していると考えた。

　1937 年に八幡一郎は縄文と弥生の打製槍を比較して、縄文は柳葉状で薄く縁刃は銛頭を思わせ、弥生は矛形で分厚くシャープな先端と鋒高な鎬がある。このことから縄文の石槍はより漁撈用具として、弥生のそれはより武器として適当であるとした。また、武器は石槍で事足りたので、青銅器を鋳造する技術を得ながら、非実用の宝器を作ったのは、武威、戦勝あるいは祈願の象徴であったと解釈した（八幡 1937）。そして、槍と楯とは組み合わせられる武器であることから、弥生文化にも楯が存在していたことを想定している。さらに投擲具としての石弾子（八幡 1931）の研究を行い[2]、以後の武器研究の先鞭をつけることとなった。

2）　八幡は投擲具について、戦後まとめている（八幡 1979・1986）。弥生時代の投弾については その後、田中幸夫が福岡県内（田中 1936）、末永雅雄らによって奈良県唐古遺跡（末永・小林・藤岡 1943）から土製のものが存在することが報告された。

こうした研究をもとに 1938 年に小林行雄は、一般に用いられたのは打製の石鏃であり、飛び道具として土製投弾、攻撃的な武器として銅剣・銅矛、磨製石剣、鉄剣が存在することに触れる。そして小林は明確には述べてはいないものの、弥生文化に武器はあるが実際には戦争は少なく、抑止力として作用していたと考えていた（小林 1938）ことが読み取れる（浜田 2018 参照）。

　また、藤森栄一は摂津加茂遺跡（兵庫県）の資料を通して、弥生時代中期は他の地域よりも打製の石製武器が優勢であることを述べ近畿地方の石製武器の存在を意義づける（藤森 1943）。

　戦前の戦争に関する研究は、武器の存在とその抽出に主眼を置きながら、戦争が実態として存在したか否か、つまり武器を使用したかを明確に証拠立てることができない研究段階であったといえる[3]。戦後、弥生時代の戦争に関する研究は殺傷人骨（武器が刺さった人骨）、集落（高地性集落・環濠集落）、武器（金属製・石製）の検討課題が単独あるいは関連しあいながら深められていくこととなる。

戦後の戦争論争：殺傷人骨の解釈

　戦後において最初に殺傷人骨に注目したのは、自然人類学者の金関丈夫であった。彼は 1950 年に戦前に調査した長崎県根獅子遺跡から出土した、弥生時代中期の 2 号人骨の頭頂部に、長径 6.5 cm・幅 3 cm・深さ 0.6 cm の青銅製品が刺さっていたことを報告する（第 30 図：金関 1951）。この報告で金関はこれが銅鏃の先端部分であり[4]、受傷部分の骨の内外面

3）　長崎県有喜貝塚、雪ノ浦貝塚から鉄鏃の刺さった人骨の発見はあるが、深くは議論されていない（Chapter 4 参照）。

4）　この青銅製品は先端が残っていただけで、武器を特定することはできない。金関は銅鏃（金関 1951、金関・永井・山下 1954）、橋口達也は銅剣（橋口 1986）、春成秀爾は

第30図　根獅子遺跡の青銅製品嵌入人骨（金関・永井・山下 1954 原図・改変）

に化膿竈があるものの、外面の傷縁が鋭さを失っていないので、この人物（女性）が数十日は生きていなかったと判断した。そしてその行為は戦争行為であり、中期段階での戦争の存在を想定したのである。以後弥生人が殺された証拠の殺傷人骨として、取り上げられる事例となる。

　しかし、金関の報告は考古学ではすぐには活かされなかった。翌年小林行雄が戦後初めて弥生文化を概観した優れた一書[5]には、根獅子遺跡の人骨は抜歯事例として紹介されるが、殺傷人骨としては取り上げてはいない。むしろ同書において小林は、「舶載せられた青銅利器から武威の象徴としての国産青銅器を生み出す」（小林 1951：p.111）とし、青銅製武器は戦争の抑止力として存在し、実際には実用されなかったと解釈している。

　小林の青銅武器に対する性格付けは戦前の高橋・梅原・八幡の研究を引き継いだものであり、青銅器を儀器とする考えであった。積極的な戦争行為が行われたのではない、という考えに立っている。しかし戦後、武器だけではなく、遺跡の在り方も含めて戦争に関わる議論が深まるようになる。

　銅戈の可能性（春成 1990）を挙げている。

　5）　この書籍は小林自身の回顧によれば、戦後すぐの 1948 年に脱稿したが、出版先を見つけるまでに 3 年かかったとする（小林 1982）。そのため、1950 年の金関の報告書の成果を取り込めなかったのかもしれない。

高地性集落論の開始

戦前のミネルヴァ論争、戦後の登呂遺跡の発掘によって（日本考古学協会 1954）、弥生文化は水稲農耕を実施した時間的に独立した時代であることが、研究者に限らず一般人の間でも定説となっていく（戦後直後の弥生「時代」や登呂遺跡の水田に対する理解を知る文献として、例えば小林 1947、後藤 1947、大場 1948、八幡 1948 などがある）。それに伴い、従来知られていた水稲には不向きな高所にある集落が、どのような役割や機能—性格—をもっているのかについての議論が盛んとなる。これが「高地性集落論」である。

この研究に先鞭をつけたのが小野忠煕であった。小野は 1953 年に山口県島田川流域の弥生集落が「各地で、高い山頂や丘陵の頂とか、山腹や斜面の急な高い台地や砂浜などのような、水田経営に不適当か不可能な場所にも」（小野 1953：p.108）存在していることを指摘し、弥生時代の集落が水稲農耕に依拠したために低地に集落を作ったという考えを批判した。こうした中で、高所の水稲農耕に適さない場所にある集落を「高地性集落」と呼んだ。小野は高地性集落が眺望に恵まれており、北海道のチャシ[6]に類似した溝状遺構（以下、環濠）を伴い、『三国志 魏書』や『後漢書 倭伝』の中国史書にある「倭国乱」「倭国大乱」の記事[7]を参考にして、高地性集落は最初軍事的な性格をもつとして、研究がスタートした（小野 1953）。

6）　チャシはアイヌが築いた城塞であるとする考えがあり（阿部 1918）、当時も一般的にはそのように理解している（例えば小林 1959）。小野も通例にしたがっていたと思われる。

7）『三国志 魏書東夷伝倭人条』（通称『魏志倭人伝』）に「倭国乱」、『後漢書 倭伝』には「倭国大乱」の記事がある。その年代は、後者に「桓帝と霊帝の間」（桓帝：AD146 - 167、霊帝：AD167 - 189）とあり、2 世紀後半の弥生時代にあてはまる。こうした記載から、弥生時代に戦争があったと想定していた。ただし後述するように、この当時の弥生時代の年代観では、2 世紀後半を近畿地方の中期後半にあてている。

鏃からの戦争

　こうした遺跡とともに弥生文化の戦争については、石鏃・牙鏃など武器の研究からも深化していくようになる。それが1953年に始まった金関丈夫が中心となって調査された、山口県土井ヶ浜遺跡の成果であった。

　1954年に行われた土井ヶ浜遺跡の第2次調査において、腰椎間に石鏃がはさまった状態で出土した人骨があった。この人骨の解釈として調査者の一人である坪井清足は、「注意を惹く特殊なものとしては、巻貝縦割の貝輪2を右手首に着装した1体の熟年男性骨がある。これはその胸部・腹部に11の石鏃・牙鏃が入っているが、鏃のあるものは骨に突きささっており、射殺された状況が窺える」（坪井1958：p.101）と判断した[8]。

　この土井ヶ浜遺跡の殺傷人骨の報告を受けて、乙益重隆は土井ヶ浜遺跡の殺傷人骨を戦争の犠牲者[9]として考えた（乙益1960）。

---

8)　土井ヶ浜遺跡の最初の発表は、1954年に行った日本考古学協会第14回総会での口頭発表である。その要旨には「胸部や腹部に磨製石鏃の入っていたもの1例、打石鏃及び牙鏃を計14本検出したもの1例あり」（金関・坪井1954：p.7）の記載がある。後に第1次〜第5次調査の略報告（金関・坪井・金関1961）、第1次〜第12次調査の報告書（土井ヶ浜遺跡・人類学ミュージアム2014）が刊行された。殺傷人骨に対する解釈で2014年の報告書では「戦い」によるものではなく、射殺者が犯した社会的責任に対する不履行を、所属集団が制裁した可能性を想定している（乗安2014：p.233）。

9)　乙益は「鏃のあるものは骨に突きささっていて、あきらかに射殺されている。集団墓域内に、他の人骨と同様に埋葬されていることは、処刑された罪人の遺体とはおもえず、おそらく苛烈な戦闘の犠牲になったのであろう。このように農耕社会にはいると、闘争の対象も、自然の鳥獣だけでなく、同じ武器をもつ人間をも相手に、自衛の手段を講じなければならなかったであろう。あたかもそれをものがたるかのように、弥生文化における武器の発達はめざましいものがあった」（乙益1960：p.105）とする。

金関・坪井・乙益が注目した殺傷人骨から推測した弥生時代における戦争は、戦争と殺傷人骨を結びつけられるか検討の余地があるとしても、石鏃が対人用に使われた武器であったことを証明したといえるだろう。しかし、これら1950年代の殺傷人骨と武器から「戦争」を想定する業績は、1970年代後半に展開される九州での殺傷人骨の分析まではとんど顧みられことがなかった[10]。

高地性集落論の展開：争乱状況の想定

　弥生時代の戦争論争は、殺傷人骨の研究が一時途絶えていた中で、高地性集落の分析において中国史書の記事や、石鏃自身の重量・大きさの変化の研究を関連付けながら、議論が進んでいくことになる。

　高地性集落を戦いに関係する集落としていた小野は、1956年には多少、考え方を変更する。一つには環濠と土塁の存在である。環濠（溝）については明治期（蒔田1897など）、大正期（八幡・甲野1926など）、昭和期（中根・徳富1929a、鏡山1941など）にその存在は知られていた（浜田2018参照）。こうしたこととは別に小野は、台地上にある環濠と土塁は集落の交通を遮断する位置にあり、水の流れた形跡もないため通路・水路ではない。土塁は形態や構造が集落をめぐる垣か対人防禦用の施設であると考えら

---

10)　1960年代には森貞次郎が根獅子遺跡（中期）、土井ヶ浜遺跡（前期）の殺傷人骨について論及している。森は根獅子遺跡や土井ヶ浜遺跡にみられた銅鏃や石鏃などが武器として機能していたことは認めたうえで、中期後半以降の鉄製武器にこそ実用の役割があると考え、両遺跡の事例は狩猟具と武器の分化が起こる以前の段階のものであるとする。鉄製こそが弥生時代の確立した武器となりえるのであり、権力者の権力行使のために必要になったものであった、という解釈を示した。森の弥生時代の武器像のなかでは、石鏃や銅鏃についてはあまり重きをおいていないことが理解できる。また、森は磨製石鏃については儀器としている（森1966b）。この森の想定には、後述する1964年に発表される佐原による紫雲出山遺跡での、石鏃の分析の反論とみることもできる。

凹基無茎式　　　平基無茎式　　　凸基無茎式　　　凸基有茎式

第31図　紫雲出山遺跡出土の石鏃（小林・佐原1964原図）

れることから、環濠・土塁を防禦的な施設であると推定した。そのうえで、「その遺跡は防衛的機能を兼ね備えた日常の生産集落とみるべき公算が強い」（小野1956：p.74）とした。しかしその後、高地性集落に武器と考えられる遺物が出土していないことから、畠作に重きをもつ集団が作った集落であると、その性格について考え方を大きく改めた（小野1958・1959）。

　高地性集落の性格を考える論点の一つとなった、小野が否定した「武器」の存在を積極的に証明しようと試みたのが佐原眞であった。佐原は、1964年に香川県紫雲出山遺跡（標高352ｍ）の整理作業のなかで大量に出土した中期の石鏃を分析し、縄文時代以来の小型の石鏃と弥生時代中期以降に大型の石鏃があることを指摘する（第31図）。この大型の石鏃は小型に対して細長く、先端が鋭角になっており重い。これは射程距離を増やし、貫通力を更に効果的にするものと判断できる。そして、大型の石鏃は打製石槍など他の武器とともに畿内と瀬戸内では増加する傾向を示すことから、大型の石鏃は「武器としての用途を想定するのに十分」（小林・佐原1964：p.136）であり、対人用の武器であると推定した。この考察を前提に、明確な建物の痕跡を見いだせなかったが、紫雲出山遺跡は立地と武器（石鏃）の大量出土から「軍事的・防禦的性格を帯びた集落遺跡」（同：p.139）であると結論づけた。これを契機として佐原は弥生時代が戦争の開始時期であったことに、終世取り組むこととなる。以下佐原の意見を軸に、弥生戦争論争を見ていくこととしよう。

　紫雲出山遺跡の報告書と同じ1964年に報告書が刊行された兵庫県

会下山遺跡は、比高差 50〜80 m の台地上に竪穴群が展開する集落であった。報告をまとめた村川行弘は、会下山遺跡の眼下にひろがる大阪湾は、大和政権（村川は「朝廷」とする）の存続発展に重要な海上の支配権の問題をもっていると考え、会下山遺跡の集落は文化の流入、軍事・交通をめぐる海上支配権をもつ集団であったと推定した（村川1964）。同じ年に報告された紫雲出山遺跡、会下山遺跡は、軍事的な要素をもつ高地性集落として認識され、この後の典型例となっていく。

　佐原はさらに 1966 年に田辺昭三との共著のなかで、第三様式と第四様式（中期中葉・後葉）に石鏃をはじめとした石製武器の発達があり、第五様式に始まる高地性集落はほとんどないとして、第三・四様式期が近畿地域の高地性集落の盛期でもあることから、改めて「高地性集落は軍事的性格をもつものである」（田辺・佐原1966：p.127）ことを強調している。そして武器の発達は、「政治の最高手段における戦争」（同：p.134）と不可分の関係にあるとする。さらに「中国文献にあらわれる「分為百余国」の段階を中期前半に、また、「使譯所通三十国」を中期後半の時期とし

た。すなわち、第二様式から、土器の小地域差が表面化する第三様式（古）までの段階を倭国が百余国に分立していた時代とし、征服戦や連合を通じて倭国がしだいに統合されてゆく過程を、土器の畿内的統一がすすむ第三

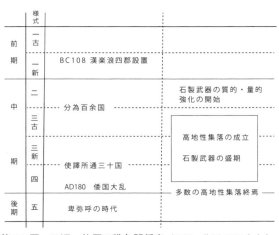

	様式		
前期	一古		
	一新	BC108 漢楽浪四郡設置	
中期	二	分為百余国	石製武器の質的・量的強化の開始
	三古		高地性集落の成立 石製武器の盛期
	三新	使譯所通三十国	
	四	AD180　倭国大乱	
			――多数の高地性集落終焉――
後期	五	卑弥呼の時代	

第32図　田辺・佐原の戦争関係表（田辺・佐原1966をもとに筆者作成）

様式（新）から第四様式の時期にあたるものと想定したのである。（中略）
女王卑弥呼を誕生させた倭国の大乱（AD180 前後）を第四様式末とした」
（第 32 図：同：p.134、傍点原著）と解釈したとする。紫雲出山遺跡・会下山遺
跡を経て、佐原と田辺の論考が、この後の論争の核となっていく。

高地性集落論の展開：倭国乱への疑問と反論

　佐原の解釈について紫雲出山遺跡の共同執筆者である小林行雄は、
1967 年に中国の史書の記事と、近畿地方の大型石鏃・瀬戸内海沿岸一
帯に出現した高地性集落などを結びつけ、2 世紀後半頃に大規模な戦乱
状態を承認するのは正しい解釈であろうか、と中期後半での大乱につい
て疑問を呈す（小林 1967b）。そしてこの問題を検討するには大乱の舞台と
なった地域がどこにあったのか、ということが確認されなければならな
いことを前提に次のように述べている。北部九州では中期後半から後期
に墓地が形成され、防塞的な性格を示していない。大阪湾沿岸でも山丘
上に存在する集落がある反面、低地に占拠する集落もあり、これらの事
実は中国の史書が伝える時期（中期後半＝2 世紀後半）には大乱の影響を受
けなかったということである。そして数百戸のムラが存在していたこと
を前提に「一つの遺跡、すなわち一つの集落が、そのまま一つのムラで
あったのではあるまい。従って、一つのムラが大きくなる過程におい
て、隣接する集落を武力をもって征服したり、いくつかのムラが合併し
て、より大きな単位の集団を構成することもあったであろう。その過程
における勢力の均衡の変動を、中国人が倭国の大乱と伝承したとすれ
ば、まったく火のないところに立った煙ではなかったかもしれぬ」（小林
1967b：p.263）とする。

　小林と佐原は同じ紫雲出山遺跡の調査から、異なった意見を導き出し
たわけである。その背景には両者とも倭国大乱の時期は中期後半＝2 世

紀後半とすることは共通するが、その時期の社会をどのようにとらえるかに違いがある。小林は古墳時代を「大和政権の成立を前提として考え」（小林 1967b：p.210）ているため、『魏志』倭人伝に載る卑弥呼や壱（台）与の女王国の年代（3世紀中頃）は、まだ邪馬台国やその他諸国とに分かれていると記載している。そのため倭国大乱の時期を、大和政権統一直前の「ムラの枠をすてて、より大きな規模の集団を構成する（中略）クニとしてとりあつかうのがふさわし」（小林 1967b：p.235）く、「ムラからクニへの再構成の時期」にあたり、この段階は「石器を失った弥生時代の後期にあたる」（小林 1967b：p.263）とする。つまり倭国大乱の時期である中期後半は、クニの再編成の前段階だと考えている。

　これに対して佐原は、「大和政権の成立については、国家権力をうみだした諸条件の歴史的発展が、畿内という地域のなかで説明されなければならない」（田辺・佐原 1966：p.108）というように、小林同様、畿内の弥生時代を大和政権前史としてとらえる。しかし中期後半は畿内を中心に、瀬戸内海沿岸がこれにやや遅れて争乱の渦に巻き込まれたとし、中期後半こそ後期に向かって統一・統合する時期であったと考えた。小林の想定の一段階進んだ状態、ムラからクニへの再編時期が畿内・瀬戸内で進んでいたのが中期後半であり、それが史書の倭国大乱の時期であった、と想定しているようである。

　また、森浩一は 1968 年に大阪府観音寺山遺跡の二重の環濠をもつ高地性集落を、非常時に低地集落の人びとが避難した逃げ城的性格をもつと提起する（森・鈴木 1968、森 1970）。また 2 世紀後半と 3 世紀中葉の争いにも中国の史書は触れているので、高地性集落を生み出す要因は 2〜3 世紀の長期にわたるとして、弥生時代後期の争乱にも言及した。

　森と同じように石部正志が 1969 年の発表要旨のなかで、中期後半と後期に倭国の動乱は存在することを指摘した（石部 1969）。両者は後期段

階での高地性集落の存在を具体的に示したことで、田辺・佐原への反論となった。

　こうした倭国乱と中期の状況について、1970年に佐原は次のように説明する。石製武器を多量に必要とした事情は、「畿内を中心とした地域ですすめられていた統合・連合への動きだったのだ。石製の武器は、それに使われた武力の一部をなし、また高地の集落は、防禦的性格をになったものであろう」「さて、中国史書は、二世紀後半に倭国が大いに乱れて、たがいに攻めあったと述べている。弥生時代中期後半にみる考古学的事実は、まさにこの中国の史書の記載と合致する。波瀾万丈の中期を終えると、静かな後期をむかえる。石器は消えさり、新に建設される村は、ふたたび低地に立地した。統合の動きが、一つの段階を経た結果であろう」（佐原1970：pp.279-280）とした。この内容からみれば、小林の疑問に対しては否定しているが[11]、森・石部・小野の後期の動乱については言及がない、といえるだろう。

高地性集落論の展開：戦争論への傾斜

　佐原が反論を行った1970年には、ほかにも高地性集落についての論考が提出された。

　瀬戸内海の高地性集落に関して1970年に間壁忠彦が、中期の高地性集落は周辺の平野部の集落と連動しながら、銅や鉄などの入手し難い物資を獲得する、物資収奪目的のための集落という位置づけを行った。また、後期の高地性集落は国家的統一へと進む段階には消失することか

---

11)　ただし、武庫川上流の兵庫県南東部の三田盆地の天神遺跡の事例から、中期の段階で「畿内にあっても、その片隅にあるこの盆地には、統合・連合の大波はおしよせなかったのであろう」（佐原1970：pp.279-280）の記述は、明確な言及はないが小林から受けた指摘への配慮がうかがえる。

ら、軍事的な性格を含んだものであると考えているようである。そして倭国大乱を、中期の高地性集落を反映したものだと理解している（間壁1970）。

　高地性集落は争乱とは関係のないものであるとする意見も出る。瀬川芳則は淀川水系の高地性集落について、文献を示さないが弥生時代後期が日本列島で河川の形成活動が活発な時期にあたるため、移住してきた人びとが洪水を避けて高地に集落を構えたという考えを示した（瀬川1970）。

　1973年には、石野博信が田辺・佐原が第4様式末に位置づけた倭国大乱を、後期の高地性集落の存在から森、石部が想定した中期（2世紀）と後期（3世紀）に加え、古墳前期（4世紀）にも争乱があると批判した。また、関東地方の台地上の集落をすべて高地性集落とはできないとしつつ、中期の朝光寺原遺跡、三殿台遺跡、そとごう遺跡（すべて横浜市）などの集落がこれに該当する可能性を示唆した（石野1973）。

　瀬川の意見に対して、1974年に都出比呂志が淀川水系の高地性集落の近くには同時期の低地の集落が営まれていることから、洪水要因説について否定的な見解を示した（都出1974）。また、畠（畑）作要因についても、低地遺跡でマメやアワが出土しないことを証明しない限り高地に居を構える必然性はないと、これも退けている。環濠についても稲作伝来者の集落構築技術として日本に持ち込まれた可能性もあり、害獣や敵の侵略を防ぐ防禦施設として考えるべきであると提案する。そのうえで都出は、高地性集落に固有の要素は「見通し」がきくことであり、見張りの機能、例えば中国漢代・日本の古代に設置された「烽燧」の制などの戦術的知識そのものが中国からもたらされた可能性を示し、通信施設としての機能を提示した。

　1975年に佐原は、縄文時代以来の石鏃が弥生時代中期に大きくなり、

突如深く刺さりやすい形が出現し、大量に製作され同時に他の石製武器も増加した時期が高地性集落の成立と軌を一にしている、という従来の自らの論理を多少修正しながら強調する（佐原1975a）。そして南関東の中期後半の宮ノ台式の時期に鉄鏃が存在した可能性を考え、宮ノ台式期には環濠があり家が火事で焼けた状況のものが多いことを、集団間の抗争に伴う放火だとする研究者の考え[12]を支持し、次のようにまとめる。「武器の実物がでないため、関東の研究者の方々は、軍事的緊張と結びつけることには慎重です。だが、おそらく鉄鏃は宮ノ台の時期にまで遡り、南関東においてもこの時期に戦争が始まっていたのだと考えてみたいのです。勿論、畿内・瀬戸内における状況と、南関東における状況を等質視するわけではありません。しかし、弥生時代中期後半に於いては、南関東もまた統合への道を歩みはじめていたと考えたいのです」（佐原1975a：pp.45-46）として、石野が想定した南関東への戦争の波及にも言及した。

　また、同じ年に佐原は弥生文化の概要を示したなかで、「統合の歩み」として戦争の状況を次のようにまとめている。石製武器の発達は、畿内の前期新段階に起こり瀬戸内海沿岸地方では中期後半に起こった。畿内・瀬戸内海地方に高地性集落が発達する中期の段階に人口が増加し、鉄器が普及したことによって水田可耕地は限界に達した。そのため土地や水利をめぐる集落間で争いが激化し、集落同士の争いで勝者は敗者を吸収し連合体を形成し、隣接する連合体との政治的・軍事的な争いに発

---

12)　この研究成果の文献は示していないが、1978年に行った講演内容（佐原1979）に、集落全体が火事で焼かれている典拠論文に田中義昭の文献（田中1974）を挙げているので、これが該当するのであろう。ただし、田中が抗争に伴う放火であるとした想定は、過失失火や類焼、不用家屋の撤去に伴う焼失の可能性もあり、抗争の放火だけに限定して論をすすめるのは無理があるだろう（浜田2018註25章-15参照）。

展した。そして後期に高地性集落が新出することから、中期と後期の争乱を想定した（佐原1975b）。

1950年代前半から1970年代前半の高地性集落をめぐる性格論争は、高地性集落の立地環境・出土武器・中国史書（倭国乱）によって、中期に畿内から始まり瀬戸内海地方に拡がり、後期まで存在する。そして中期後半以降に南関東を巻き込み、地域を統合するまで繰り返された抗争を示す必要な集落遺跡であった、というパラダイムに傾いていったといえる（例えば春成1975）。

高地性集落論の展開：年代観の調整

こうした状況のなかで、佐原らが依拠した弥生時代中期後半＝2世紀＝倭国大乱という年代観に対して、大きな調整が行われるようになる。その原因は九州と近畿の土器編年で、中期後半〜後期初頭の位置づけの認識が異なっていたことにある。

両地域の認識は、戦前に九州で遠賀川式・須玖式・高三瀦式（＝原ノ辻上層式）、近畿で遠賀川式・櫛目式・穂積式の3つの土器群を区別し、それぞれ前期・中期・後期としたことに始まる。これを全国的な弥生土器編年である『弥生式土器集成』（小林・杉原1963）にあてはめると、九州の遠賀川式（前期）が第Ⅰ様式、須玖式（中期）が第Ⅲ様式（その後第Ⅱ様式の城ノ越式が設定され中期に位置づけられた）、原ノ辻上層式（後期）が第Ⅳ様式となる。

表12　九州と近畿の弥生土器様式編年
調整表（小野1981）

九州編年			近畿編年		
前期	第Ⅰ期	板付Ⅰ	第Ⅰ様式	第Ⅰ期	前期
		板付ⅡA			
		板付ⅡB			
		諸岡			
中期	Ⅱ第Ⅲ期	城ノ越	第Ⅱ様式	Ⅱ第Ⅲ期	中期
		須玖Ⅰ	第Ⅲ様式		
		須玖Ⅱ	第Ⅳ様式	Ⅳ	
後期	Ⅳ第Ⅴ期	原の辻上層	第Ⅴ様式	第Ⅴ期	後期
		下大隈			
終末期		西新			終末期
	Ⅵ	宮ノ前Ⅱ	庄内	Ⅵ	

第33図　九州と近畿の編年関係表
（九州第Ⅲ期は須玖ⅠとⅡをあわせたもの、Ⅵは土師器。小野編1982より転載）

一方畿内の遠賀川式（前期）が第Ⅰ様式であることは九州と共通性をもつ。しかし、櫛目式（中期）が第Ⅱ、Ⅲ、Ⅳ様式となり、穂積式（後期）を第Ⅴ様式としている。つまり第Ⅳ様式は九州で後期初頭とするのに対し、近畿では中期後半に位置づけられていたのである。こうした中期後半と後期前半の食い違いについて、1971年から始まった高地性集落の総合研究のなかで、1973年に瀬戸内周辺の研究者を巻き込んで土器の検討が行われた。この成果は1979年に活字化されるが（小田・佐原1979、佐原1979）、結論として九州・畿内とも前期・中期・後期の名称を使わずに、第Ⅰ様式〜第Ⅴ様式の名称で呼ぶ。そしてこれらをそれぞれ第Ⅰ期…第Ⅳ期・第Ⅴ期と「期」として区分して、両地域の時間的並行関係を認める[13]という「調整」が行われた。

　この調整の結果、一つの問題が表面化する。第Ⅳ期の近畿は先に述べたように、田辺・佐原によって倭国大乱の時期にあたるAD180年頃に対応させていた。しかし、第Ⅳ期の九州は原ノ辻上層式が対応し、この絶対年代については、すでに森貞次郎によって「長崎県原ノ辻上層から王莽の貨泉が発見されていることは後期初頭が後漢初頭をあまりくだらないころであり、およそ1世紀後半にはいるとみたい」（森1966a：p.72）とされていた。つまり近畿中期後半＝第Ⅳ期＝AD108年＝倭国大乱は成立せずに、第Ⅳ期＝AD1世紀であり、第Ⅴ期＝AD108年＝倭国大乱の図

---

13)　小田富士雄と佐原眞は次のように整理する。広島県中山貝塚と福岡県鹿部山遺跡で、須玖Ⅰ式と中山Ⅳ式が共伴した成果がある。また、山口県土井ヶ浜遺跡で須玖Ⅰ式と畿内第Ⅲ様式並行土器が共存していた。このことから、須玖Ⅰ式（北九州）－土井ヶ浜Ⅱ・Ⅲ式（山口県）－中山Ⅳ式－畿内第Ⅲ様式の並行関係が実証できた。また、高坏などの台付土器に外側を連続的に成形したのち円板を充填する方法が、畿内・山陽地方の第Ⅲから第Ⅳ様式にみられるが、第Ⅱ様式にはない。しかし、九州の原ノ辻上層式にはこの手法が見られる。こうしたことから原ノ辻上層式と畿内第Ⅳ様式が並行関係にあり、両者は第Ⅳ期に存在するとした。

式として理解すべきこととなった。つまり、佐原をはじめ多くの論者が石製武器と高地性集落が増加する第Ⅲ・Ⅳ期（近畿中期後半）を倭国大乱に対応させる立論の根拠を失った。しかし、第Ⅴ期にも高地性集落が存在するということはすでに複数の研究者が認めていたため、倭国乱をものがたる考古学資料は、第Ⅲ・Ⅳ期ではなく第Ⅴ期の出来事だと認識を変えることで、中国史書と考古学的証拠の整合性は保たれることとなった（佐原1997a）。

殺傷人骨再論

高地性集落を軍事的な施設と考える根拠の一つに、石製武器があった。その武器による殺傷人骨については土井ヶ浜遺跡以降議論が下火になっていたが、1972年の大阪府勝部遺跡（荻田・島田ほか1972）、1976年の福岡県スダレ遺跡の殺傷人骨の発見によって、議論が再開されていく。橋口達也はスダレ遺跡の中期中葉段階の甕棺発見の人骨（スダレK-3人骨）には、磨製石剣の切っ先が刺さっており（第34図）、これをきっかけにして九州や山口県の甕棺内の武器の切っ先を集成する。そして土井ヶ浜遺跡の殺傷人骨事例を含め、従来副葬品の一部であると推定していたものが、武器として体内に依存したまま骨まで達しなかったものであったと判断し、前期末から中期に戦闘によって殺傷を受けた人びとがいることを想定した（橋口1976）。その後の甕棺内から出土した切っ先の集成を1986年に発表する。その結

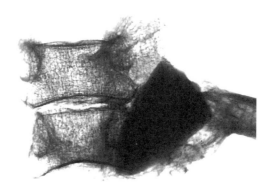

第34図　スダレ遺跡の殺傷人骨のX線写真（金関・佐原編1986より引用）

果銅剣や石剣の切っ先が人骨に嵌入している事例は、前期後半（板付Ⅱ式）から中期前半に集中しており、この時期に土地・水をめぐる衝突が、近隣集団との間で行われた結果だと考えた（橋口1986）。こうした研究動向は、九州以外の過去の調査事例についても再検討され、岡山・兵庫・大阪・京都などでも人骨に伴う武器の出土が確認された（浜田2018参照）。殺傷人骨が北部九州〜瀬戸内〜近畿まで確認されたことで、これまでの弥生戦争論争に大きな証拠を提供することとなり、さらに、これ以後展開する具体的な戦闘の在り方に対する分析材料となったことも、大きな成果であった。

　墓から出土する人骨に伴う武器あるいは殺傷人骨に対しては、佐原はその初期の武器研究でも取り上げてはいた。最初に武器論を論じた1964年に銅鏃の根獅子遺跡、打製石鏃と牙鏃13本が打ち込まれた土井ヶ浜遺跡、鉄鏃を打ち込まれた有喜貝塚の事例を挙げ（小林・佐原1964：註8）、1970年には勝部遺跡の石槍（石剣）が刺さっていた遺体とは別に石鏃を数本射られた事例（明示はないが第2号墓であろう。その場合第Ⅲ〜Ⅳ期である。荻田・島田ほか1972）を挙げている（佐原1970）。そして1975年には土井ヶ浜（前期）の事例について「その矢尻（石鏃、サメの牙鏃）は、狩猟用のものと変わりない」（佐原・金関1975：p.50）としていた。この時点で、弥生時代の武器として使われた石鏃は、小型のものであったことを佐原は気づいていたことになる。狩猟用の小型の石鏃から対人用の大型の石鏃に変化したことを理論的な証拠とした佐原の説は、こうした実態のある証拠を不問にしたままで、以後の議論に進んでいくこととなる（例えば佐原1975a・b・1979a）。

石鏃の再検討：大形化への疑問

　弥生時代に実際に使用された石鏃が中期以降大形化するという考えに

対して、1986年に再検討が行われた。

　森本晋は畿内の弥生時代の石鏃の大形化の問題について、未製品を除外し完形品で前期と中期以降の石鏃を比較した。その際、石鏃の作用部位を反映している最大幅の位置を、先端からの器軸方向（先端から根の方向）の長さを指標の基準とした[14]。その結果前期と中期の長さの差は平均で 0.9〜1.3 mm であり、「中期の石鏃の方が大きいということはためらわれる。前期と中期の間で変化したのは石鏃の基部形態別の組成であって、同じ形態のものが大形化した訳ではない」（森本 1986：p.58）と結論づけ、石鏃の大形化が武器であるとすることに、疑問を呈した。

　これに対して佐原は直接反論することはなかったが、当初から長さとともに、重さが増すことが大形化であると説明していた（例えば小林・佐原 1964）。そのため佐原は、森本の指摘以後大きさを強調せずに、形と重量を意識して石鏃の武器論を展開していると感じる（例えば佐原 1986・1987・1990 など）。この時期の佐原は多くの著作や講演活動を通して、戦争の開始時期は農耕社会が出現する時期にあたるという、世界の事例に合致するという考え（例えば佐原 1986）を援用しながら、弥生時代は戦争が開始された時代である、という学説を強力に打ち出し、それがパラダイムとなっていく（例えば松木 1989・1995、田中㻪 1991）。そしてその戦争の範囲は南関東地方に拡がりを見せているとし（例えば佐原 1987）、関東や中部地方でも、その考えを採用することが 1980〜1990 年代に一般的になった（大村 1983、岡本 1992・1993・1998、安藤 1995 など）といえるだろう。

---

14)　この理由は有茎式石鏃においては、長さのかなりの部分を茎が占めることが予想でき、茎をもたない石鏃との比較を全体の長さで行うのは問題がある、としている。

環濠再考：防禦説への疑問

　弥生時代の戦争が一般化しつつある 1980〜1990 年代にあって、一方では環濠が防禦用の施設であるということに疑問が出されるようになる（田中裕 1987、武末 1990・1991、久世 1993 など）。これらの疑問に共通するのは、環濠に存在する土塁が濠を挟んで集落とは反対側—外土塁である点である。日本の環濠集落が外土塁であったことは、環濠覆土の観察を通して濠の外側に掘削土と同質の土が認められるため、外側に土塁が存在したと考えた原口正三や伊藤郭・武井則道の意見を基としている（原口 1975、港北ニュータウン埋蔵文化財調査団 1976）。

　この観察に基づき、田中裕介は外土塁について「環溝集落の溝が土塁と組合わさって集落の防禦施設としての機能を重視する見解が多いが、環濠が二重以上にめぐる場合を除いて、一般に環濠の外側に土塁を築いた時、はたして防禦施設として適確な施設たりうるであろうか」（田中裕 1987：p.19）と疑問を呈した。

　武末純一は田中の意見を踏まえ、九州では前期の環濠が短期間で機能を失い、すべてが同一時期ではなく、時期を異にしていること、前期末までに全体を囲んでいることなどから、戦闘状態を示しているのではなく、象徴的・伝統的なものであり（武末 1990）、「私は外土堤の環溝の場合、戦いのための防御機能はそれほどないと考えている」（武末 1991：p.165）とする。

　これを具体的に説明したのが久世辰男である。久世は佐原が想定した外土塁に木柵（杭列）が存在した場合、環濠と木柵によってその外側の勢力（攻撃側）に有利に働くことを解説した。そして外土塁は造られず環濠の外側に環濠掘削土をなだらかに積み上げたとし、外土塁と木柵を備えた環濠集落の存在を否定した（久世 1993）。

この批判に対して佐原は、中国考古学の林巳奈夫や久世が杭を密着させた柵は存在せず、攻撃側に優位であるという指摘に対して、間隔をあけた木柵の事例があることから、自身が関わった吉野ヶ里遺跡や横浜市大塚遺跡の模型などは「間隔をおいて立つ柱を横材で連ねた構造のものが一般的」（佐原 1997b：p.68）で「すべて、間隔を置いた柵に改めるべきである」（佐原 1999：p.66）とした。しかし、これは木柵が存在する以上これが攻撃側の楯になり得るという考え方には正面から答えていない。佐原は外土塁（佐原の外壁内濠）の上にやっと登った不安定の姿勢が、敵の格好の標的になるという中世史家の解説をもとに「防禦」施設である（佐原 1999）と答えるが、これには柵の存在が考慮されていない。また、久世のいう環濠掘削土の盛り土を、日本の 15・16 世紀の城や館にごく一般的に行われた、濠の深さを増す目的で外側に盛り上げる「対岸土塁」に対応させ、「弥生村の防壁、と理解してきたものには、対岸土塁を含むかもしれない。しかしそれを認めるとしても、防禦施設の一つとして役割を果たしたと理解すべきであろう」（佐原 1999：p.64）と解釈した。しかし、これも具体的に日本の城や館との比較を行っていないため、印象的な反論となっている。

　ただし、こうした批判に応えるように佐原は同じ論文において、戦争を証拠立てる考古学的事実[15]を提示し、その検討を加えている（佐原

---

15)　佐原の戦争を証拠立てる考古学的証拠は次の通りである。
　　A　守りの村＝防禦集落（町・都市）
　　A1 高地性集落　A2 環濠集落　A3 守りの集落＝防禦（2002 年に「守りの壁＝防壁（土塁）」と改める：佐原 2002b）　A4 守りの壕（濠）　A5 守りの柵＝防禦柵　A6 逆茂木　A7 のろし　A8 出入口の防禦的構造　A9 出入口付近の戦いのあと　A10 村の破壊・火事
　　B　武器
　　B1 遠距離武器と近距離武器　B2 武器の破損と再生　B3 守りの武器である武具

1999)。そして、戦争がある、知っている、知らない地域が弥生文化の中に存在するという考えを示した。南九州・長野・北陸・新潟・東海・南関東は戦争を知っていたけれども、戦ったかどうかはわからない地域ととらえ、その中でも静岡市登呂遺跡や逗子市池子遺跡は環濠もなく、戦争を知らない社会に見えるとした。この言説は1970年代に打ち出された、統合をめぐる中期後半の争乱が、関東地方にも展開したとする従来の考えを大きく転換させることとなった。とともに、これ以後関東や中部地方の弥生文化が争乱に関係していたとする積極的な意見（例えば岡本1992、松木 2001）は少なくなり、否定的な意見が現れるようになる（例えば久世 2001、小出 2006 など）。

石鏃の再再検討：理論としての武器への疑問

縄文時代以来弥生時代Ｉ期の段階まで、石鏃長さ3cm未満、厚さ3mm未満、重さ2g未満であったものが、弥生時代のⅡ〜Ⅳ期にそれよりも長く厚く重くなるのは、狩猟用の石鏃から対人用の石鏃、つまり「武器」に変質した、とする佐原の論理（例えば佐原1987）について、実際の殺傷人骨・武器として想定される事例から、反論したのが神野惠である。神野は中期前半〜中頃（Ⅱ〜Ⅲ期）の福岡県塚崎東畑遺跡1号土壙墓で、人骨に嵌入した状態で発見された石鏃が（佐々木ほか1997）、縄文時代の石鏃同様小形であり、明らかに対人用の武器である石鏃が必ずしも大きくないことを述べた（第35図：神野2000a・b）。これはすでに述べたよう

（盾・よろい・かぶと）

C　殺傷（されたあとを留める）人骨

D　武器の副葬＝遺体に副えて武器を葬る

E　武器形祭器＝武器の形を模した祭り・儀式の道具

F　戦士・戦争場面の造型

に 1970 年時点で、Ⅲ〜Ⅳ
期の勝部遺跡の殺傷人骨
の石鏃が小形であったこ
とを佐原も気が付いてい
た（佐原 1970）ことを追認
させることであった。神
野は石鏃の大形化は半島
からの新しい弓具の導入
と時期的に同じ時期であ
り、この弓具に対応して
変化した結果だとする。

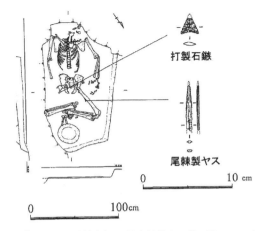

打製石鏃

尾棘製ヤス

第 35 図　塚崎東畑 1 号土壙墓と石鏃（神野 2000b）

　これに対して佐原は、「軽い矢尻が刺さっている実例が、重い矢尻を
武器とみる解釈を否定するとは思わない」「重い矢尻が軽い矢尻よりも
大きな破壊力をもつことは動かない」（佐原 2000：p.258）と反論する。そし
て世界的にみて矢尻は軽くても武器として使用されると断ったうえで、
「しかし、大きく重くなって量が多くなるという現象が初期金属器時代
にみられるギリシア・イタリア・スペインとわが弥生文化の畿内を中心
とした地域に共通してみられるのは、武器としての矢の発達を示すもの
と私は思う」（佐原 2000：p.260）と結論づけた。

　佐原が述べることそれ自体は理解できる。しかし、神野は佐原の述べ
る理論と現実との乖離を指摘しているのであり、佐原が反論すべきは、
大形の石鏃が殺傷人骨・墓坑からどの程度出土しているのか、という例
示であったと感じる。その例示によって、「重い矢尻を武器とみる」こ
とが可能となる。石鏃の大形化が弥生時代に入って進んだことは確かで
あるが、その理由が果たして佐原が想定した対人用の武器に変化した、
とする理論が妥当かどうかを問うていると考える。

弥生戦争論争の教訓

　弥生時代の戦争論をリードした佐原は、2002 年 7 月に逝去する（佐原2002c・d）。その晩年（自身が手がけた佐原眞編年表でいえば、佐原眞後期後半から晩期：佐原2002c）に書かれた「戦争論」を 1960～80 年代（同じく前期～中期）の考え方と比較すると、いくつかの変化がある。まず佐原は防禦集落（環濠集落や高地性集落など）が世界に共通して農業の開始以降に成立していたと考えていたが（例えば佐原1987）、2000 年には農業ではなく定住が戦争を引き起こしたと考え方[16]を改めて（佐原2000）おり、それは北アメリカの北西海岸の狩猟採集民の事例を参考にしている。しかし、小林達雄との対談のなかで「もう一つの問題は定住していればいつも戦争をしているかといえば、戦争をしない集団もありますね」（佐原・小林2001：p.65）という発言は、具体的な事例が例示されておらず、結局定住が戦争を引き起こしたのか、曖昧な発言になっている。佐原はそれに続けて、定住だからといってその社会が戦争にはならないのであるから、戦争を定義して考古学としてその証拠となる項目を挙げ、これに該当すれば戦争があったと考える方がよいと提案する。つまり、佐原の挙げる証拠があるかないかで戦争があったかを規定するのであり、農業や定住は戦争の要因とは関係ないことになる。

　この 1999 年に提唱した考古学での戦争の証拠（本 *Chapter* 註 15 参照）は、その後修正される（佐原2002b）。この証拠は単独であてはまるものもあるが、多くは組み合わされて「戦争」を想定できるものである。しかし関東地方では環濠の項目以外はほぼあてはまらない（小出2006、浜田2019）。

---

16)　「農耕の暮しは、定住の暮しである。だから戦争定住起源説は戦争農耕起源説をもふくみこむことになる」（佐原2000：p.189）とする。

ただし、佐原は三浦半島の海蝕洞窟や池子遺跡で出土した骨鏃を事例に、「関東の弥生の矢尻として骨鏃がありうると思うよう」（佐原・小林 2001：p.76）になったとし、関東の武器の証拠にこれを加えた。これは1999年にもっていた関東地方の戦争を知らない社会というイメージを、再び変化させようとしたといってよいだろう。「証拠があってもそれが少なければ、戦争は知っているけれど、実際にはしていないとする」（佐原・小林 2001：p.69）考え方を援用すれば、まだ戦争をしていない段階であろうが、どの程度ならば戦争をしていたと考えるのかが、曖昧のままとなる。「戦争農耕起源説」から「戦争定住起源説」へ、そして「戦争定住起源説」から戦争の証拠による戦争の認定方法への変化は、考古学で戦争を考える基準の難しさをあらわしている。そしてその認定の基準が画一的なものではない、いわば曖昧なまま現在解消できていないことは、それをさらに難しくしているといえよう。

　ただ、この論争を通じて、事実誤認や論証過程の不明確さ、論証の証拠となる資料の解釈などが検討され、論争の核になる部分が明確になってきたことがわかる。例えば『魏志倭人伝』の倭国乱などの記事と石鏃の増加を結びつけて、弥生時代の戦争を語ることは、結果的に別の考古学的資料によって倭国乱に適応する時期が存在したとはいえ、方法としては間違っていたといえる。このことは文献との整合性を図る場合に、時間の照合が如何に大事であるかを教えている。

　また、石鏃の大形化は狩猟用から対人用へと用途が変化したことが原因であったとする論理的な道筋は、殺傷人骨や殺害が疑われる人の墓などから小型の石鏃が使用されている考古学的証拠があり、大形化＝対人用武器への変化とする、論理的な道筋を実証することができない。このような理論と合わない考古資料をどのように解釈するのか。武器として小型石鏃が使用されていた事実は、理論から導きだしたことに優先す

るであろう。自戒したいところである。

　さらに、1980年代以降、西方からの戦争の拡大が南関東にも波及したという推論の前提は、一つには弥生文化の西方からの伝播という考え方（水稲稲作を行う人びとの東方進出）のもと、縄文文化と弥生文化の対立を原因に考えたといえる。またもう一つは「弥生文化」が展開した九州・四国・本州、いわゆる「中の文化」（藤本1988）は、等質であり西で起こったことは東でも「起こるはず」とする分析方法にあったことが原因ではないかと考える。しかし、前者の問題は、弥生文化は縄文土器の伝統を受け継いでおり、南関東はその度合いが強いという違いであり（石川2010）、在来の縄文文化を変化させながら弥生文化となった（設楽2014）と考えた方が、考古学的なデータとは整合している。つまり、縄文文化の伝統の度合いの違いが対立に見えるのではないか。後者については1960年代から指摘されている（山内1964）ように、地域の独自の伝統が存在し、それが展開していく（石川2010）と理解するならば、西方と東方の内容が異なっていても不思議ではない。東方の石鏃、青銅製品の出土事例の少なさなどの考古学的なデータも、西方との弥生文化とは同じではないことを示しているだろう。

　「弥生戦争論争」は戦争を示す考古学的な証拠が、九州・瀬戸内・東海・関東と地域が東にいくごとに少なくなることは認められるだろう。これまで行われた研究経過を基礎として、戦争の実態を具体的に明らかにする研究・議論は今後も続いていくであろう。そのためにも、これまでの戦争論争の内容を参考にしていかなければならない。

おわりに

　論文作者 A 氏が B 氏の論文結果を否定する。B 氏はそれに反論し、そ
れに A 氏が反駁する。個別論文ではよく見かけるこのスタイルは、論
争の最もシンプルな姿である。また、これに第三者を巻き込んでさまざ
まな根拠や論理が提出され、批判・批評が加えられることで、回数・参
加者の多い論争のスタイルになることもある。どちらにしても論争から
それぞれの論者の考え方が明瞭になり、証拠・論理の姿が明らかになっ
ていく。

　論争に興味をもった 1980 年代後半から弥生文化に限らず、考古学の
論争をいくつか読んでいた。A 氏は B 氏の考えをどのような理由から否
定しているのか。どのような根拠をもって批判しているのか。論争では
そうした部分が鮮明になる。B 氏の反論もまた、鮮明である。それぞれ
の批判・批評のプロセスが論文を理解する、あるいは自身の文章執筆の
ために有益になることが多くあった。

　学生に論文を書くコツがつかめるようになる、ヒントになることがた
くさんあるので、論争を読むように薦めている。しかし、「何が問題点
なのかわからない」とか「批判していることが理解できない」といった
感想が返ってくることが多い。これは私の経験からして、論争が行われ
た当時の社会的背景や学問的な成果を知らないからであろう、と了解す
ることができた。そうした場合に、論争のガイドブックを読んでみるこ
とを薦めている。

　本書はそうしたガイドブックの一つであるが、ここに取り上げた弥生
文化に関する論争のテーマは、すでに類書に取り上げられているものも

あるので、次のことに注意しながら書き進めるように心がけた。

　一つに論争が収束した段階で結論は動かない、と考えがちだが、実際は現代の研究の基礎となり、変形され現在の弥生文化研究に影響を与えているのである。そのため、現代の研究との関わり合いを意識しながらまとめてみた。

　また、もう一つは取り上げた論争の当事者たちのなかには、私が考古学を始めた1970年代後半に一線で活躍されていた研究者やその薫陶を受けた研究者、現在活躍している研究者がいる。そうした研究者のなかには私がお手本だと仰ぐ研究結果をもっている方やカリスマ性をもって他の研究者に敬意をもって迎えられている方もいる。その思いは人間性も加味することもあるが、基本的には行ってきた業績に対するものであろう。人間である以上、失敗もするし間違った結果を出すこともあるが、それを人間性の批判にすり替えてはいけない。論争を解説することは、当事者となった研究者の思想・信条などを評価あるいは批判するのではなく、その研究者がそのテーマにどのように向き合ったのか、という論争の内容を解説者が評価・批判することだと考える。先入観をもたないことを意識しながらまとめてみた。

　考古学に関する論争は、これまでも論じられてきた。よく取り上げられる論争として、旧石器時代であれば「前期旧石器存否論争」、縄文時代であれば「コロボックル論争」「ミネルヴァ論争」「ひだびと論争」「縄文農耕論争」、古墳時代であれば「前方後円墳起源論争」「前方後円墳性格論争」「棺槨論争」「三角縁神獣鏡論争」「古墳年代論争」、古代では「法隆寺再建非再建論争」「神籠石論争」などが思い浮かぶ。こうした論争のなかで弥生時代の論争を執筆するにあたって、あれこれと候補を出してみた。例えば「弥生農業論争」「弥生海人論争」「弥生年代論争」「古墳発生論争」「弥生民族論争」「階級形成論争」「銅鐸論争」「邪

馬台国論争」などよく知られている論争、あるいはほぼ埋もれている論争などが存在しているが、上巻との内容的重複を避けることもあり、いくつかは断念した。

　そのなかで「弥生民族論争」についてまず書きはじめていったが、思いのほか文量が嵩んでしまい、本書にはおさまりきらないと判断し、途中で中断してしまった。また「弥生海人論争」はまとめるには時間が不足していると判断し、アウトラインだけ書いて中断している（2023年6月に日本大学史学会例会で「弥生時代の海人研究の展望」として、その一部を発表した）。今回紹介できなかったのが残念だが、なにかしらの形で将来紹介できればと思っている。本書も多くの方にお世話になった。ご芳名は省くが感謝の意を表したい。

2023年6月　桜上水の学校にて

　上巻の内容についていくつかのご教示・指摘をいただいた。感謝申し上げる。

　橋口定志氏から、132頁註にある「内地の弥生文化にあたる」の「内地」については、琉球諸島の人びとにとって「内地」は琉球諸島を含む日本国内を意味する言葉のニュアンスがあるので、適切ではない、とご教示いただいた。「内地」は山内清男の言葉に引きずられて使用したが、本書では「九州・四国・本州」を用いた。弥生文化が展開した地域名称を今後考えて使用していきたい。

　鈴木保彦氏から、60頁にある「獺澤式」は、現地での表記が「獺澤貝塚」であるので、「うそざわ」の読みが正しいのではないか、とのご教示をいただいた。今後この表記に改めたい。

　及川良彦氏から、154頁の「岩手県角野古墳」は「岩手県角塚古墳の」誤記ではないかとご指摘いただいた。これは完全に私の思い違いによるもので、及川氏の指摘の通りである。訂正したい。

Reference　参考文献

※雑誌などの「第」「巻」「号」「集」などは省略した。
※サブタイトルは省略した。
※著者が行政機関の場合は編集・発行機関を省略した。
※報告書・紀要などでシリーズ名に刊行機関の名称が付されているものは発行機関を割愛した。

浅川滋男　1998「シンポジウムの趣旨と概要」『先史日本の住居とその周辺』同成社
穴沢咊光　1997「小林行雄博士の軌跡」『考古学京都学派＜増補版＞』雄山閣
阿部正巳　1918「北海道のチャシ」『人類学雑誌』33-3　東京人類学会
有坂鉊蔵　1923「日本考古学懐旧談」『人類学雑誌』38-5　東京人類学会
有坂鉊蔵　1935「弥生式土器発見の頃の思出」『ドルメン 特輯日本石器時代』4-6　岡書院
安藤広道　1995『弥生の"いくさ"と環濠集落』横浜市歴史博物館
池田次郎　1973「解説」『論集 日本文化の起源』5　平凡社
石川日出志　2008『「弥生時代」の発見』シリーズ「遺跡と学ぶ」50　新泉社
石川日出志　2010『農耕社会の成立』岩波新書 1271
石野博信　1973「3世紀の高城と水城」『古代学研究』68　古代学研究会
石野博信　1990『日本原始・古代住居の研究』吉川弘文館
石部正志　1969「畿内弥生文化の成立と発展に関する若干の問題提起」『考古学研究』15-4　考古
　　学研究会
伊藤　純　1994「土器の断面」『考古学史研究』3　京都木曜クラブ
犬塚又兵衛　1893「会津及安達郡ノ遺跡」『東京人類学会雑誌』9-94　東京人類学会
犬塚又兵衛　1894「岩代福島地方石器時代遺蹟（犬塚又兵衛氏ヨリ坪井正五郎ヘノ来書）」『東京人
　　類学会雑誌』9-101　東京人類学会
岩崎直也　1991a「竪穴建物論（Ⅰ）」『歴史手帖』19-1　名著出版
岩崎直也　1991b「弥生時代の建物」『1991年 弥生の掘立柱建物を考える』埋蔵文化財研究会第 29
　　回研究集会実行委員会
梅原末治　1923a「銅剣銅鉾に就いて（一）」『史林』8-1　史学研究会
梅原末治　1923b「銅剣銅鉾に就いて（二）」『史林』8-2　史学研究会
梅原末治　1923c「銅剣銅鉾に就いて（三）」『史林』8-3　史学研究会
梅原末治　1923d「銅剣銅鉾に就いて（四）」『史林』8-4　史学研究会
梅原末治　1924a「銅剣銅鉾に就いて（五）」『史林』9-1　史学研究会
梅原末治　1924b「銅剣銅鉾に就いて（六）」『史林』9-2　史学研究会
梅原末治　1934「家形をした弥生式土器」『考古学』5-10　東京考古学会
大給　尹　1936「青森県下一王寺遺跡発見の家猫に非ざる猫科の一下顎骨（予報）」『史前学雑誌』
　　8-4　史前学会
大野雲外　1900「安房国安房郡長田村遺跡ニ就テ」『人類学会雑誌』167　東京人類学会
大野雲外　1902a「埴甕土器の種類について」『人類学会雑誌』190　東京人類学会
大野雲外　1902b「埴甕土器について」『人類学会雑誌』192　東京人類学会
大野雲外　1902c「埴甕説の四問に就いて蒔田氏に答う」『人類学会雑誌』199　東京人類学会

大野雲外　1903「神社の祭器と埴瓮土器について」『人類学会雑誌』208　東京人類学会

大野雲外　1905「「信州旅行調査報告」『人類学雑誌』227　東京人類学会

大野雲外　1907「埴瓮土器の名称とその遺跡について」『人類学会雑誌』255　東京人類学会

大野雲外　1909「神宮境内発見の土器と埴瓮土器との関係」『人類学会雑誌』275　東京人類学会

大野雲外　1916『人種文様 先住民の部』芸艸堂

大野雲外　1918「先住民族論」『人性』14－11　人性学会（後に 1924『土中の日本』中央史壇 55 増刊号に再録）

大野雲外　1926『遺跡遺物より観たる日本先住民の研究』磯部甲陽堂

大野延太郎　1920「武蔵に於ける古物遺跡研究略史」『武蔵野』3－3　武蔵野会（後に『遺物遺跡の研究』に収録：pp.317-318）

大場磐雄　1948『古代農村の復元』あしかび書房

大場磐雄編　1964『加賀片山津玉造遺跡の研究』加賀市文化財紀要 1

大村　直　1983「弥生時代におけるムラとその基本的経営」『史館』15　史館同人

大森啓一　1939「本邦産翡翠の光学性質」『岩石鉱物鉱床学』22－5　日本岩石鉱物鉱床学会

岡　正雄　1974『本屋風情』平凡社

岡本　勇　1985「弥生文化研究と蒔田鎗次郎」『論集日本原史』吉川弘文館

岡本孝之　1992「攻める弥生・退く縄文」『新版古代の日本』7　角川書店

岡本孝之　1993「桃と栗 中部・関東弥生文化における弥生文化と大森（縄文）文化の要素」『異貌』13　共同体研究会

岡本孝之　1998「外土塁環濠集落の性格」『異貌』16　共同体研究会

小川敬養　1888「備前国田川郡夏吉村横穴探究記」『東京人類学会雑誌』29　東京人類学会

荻田昭次・島田義明ほか　1972『勝部遺跡』豊中市教育委員会

小田富士雄・佐原　眞　1979「1. 北九州と畿内の弥生土器編年の調整」『高地性集落跡の研究 資料編』学生社

乙益重隆　1960「武器、狩猟具、漁撈具」『世界考古学大系』2　平凡社

小野忠熙　1953「第Ⅵ章 島田川流域の遺跡」『島田川』山口大学島田川遺跡学術調査団（後に『高地性集落論』学生社、1984 に「第Ⅰ章 丘上の集落遺跡への懐疑」と改題し、節の題名を一部変更して「1. 島田川流域の遺跡の考察」として再録。引用ページは再録本による）

小野忠熙　1956「塁・壕遺構を有する一古代村落址の研究」『山口大学教育学部記念論文集』山口大学教育学部（後に『高地性集落論』学生社、1984 に論部の後半部分「後編岡原古代村落址の研究」部分を「塁壕遺構をもつ古代村落光市岡原遺跡の研究」として再録。引用ページは再録本による）

小野忠熙　1958「弥生式集落の垂直的遷移現象に関する若干の問題」『人文地理』10－3　人文地理学会（後に「弥生集落の垂直的遷移現象」と改題し『高地性集落論』学生社、1984 に再録。引用ページは再録本による）

小野忠熙　1959「瀬戸内地方における弥生式高地性村落とその機能」『考古学研究』6－2　考古学研究会（後に「瀬戸内の弥生系高地性村落とその機能」と改題し『高地性集落論』学生社 1984 に再録。引用ページは再録本による）

小野忠熙編　1982「二、三世紀へのアプローチの前提」『東アジアの古代文化』30（後に「弥生集落の垂直的遷移現象」と改題し『高地性集落論』学生社、1984 に再録）

鏡山　猛　1941「日本原始聚落の研究」『歴史』16－2　歴史文化研究会

鏡山　猛　1956a「環溝住居阯小論（一）」『史淵』67・68　九州史学会

鏡山　猛　1956b『北九州の古代遺跡』日本歴史新書　至文堂

鍵谷徳三郎　1908a「尾張熱田高倉貝塚実査」『考古界』7−2　考古学会

鍵谷徳三郎　1908b「尾張熱田高倉貝塚実査」『東京人類学会雑誌』23−266　東京人類学会

片倉信光　1931「東京府下池上町久ケ原弥生式竪穴に就いて」『上代文化』6　上代文化研究会

片山一道　2015『骨が語る日本人の歴史』ちくま新書 1126

金関丈夫　1951「根獅子人骨に就いて（予報）」『平戸学術調査報告』京都大学平戸学術調査団

金関丈夫　1955「人種の問題」『日本考古学講座』4　河出書房

金関丈夫・永井昌文・山下茂雄　1954「長崎県平戸島獅子村根獅子免出土の人骨について」『人類学
　　研究』1−3・4　九州大学医学部解剖学教室内人類学研究発行所

金関丈夫・坪井清足 1954「山口県土井ヶ浜遺蹟の弥生式時代埋葬」『日本考古学協会彙報』別編 3

金関丈夫・坪井清足・金関　恕　1961「14 山口県土井浜遺跡」『日本農耕文化の生成』本文篇　東京堂

金関　恕・佐原　眞　1986「PL.7 戦いの犠牲者」『弥生文化のあゆみ』9　雄山閣

金関　恕・佐原　眞　1988「PL.3 集成図・実測図のうつりかわり」『弥生文化のあゆみ』10　雄山閣

神風山人（白井光太郎）　1888「北吉見村横穴ヲ以テ穴居ト為スノ説ニ敵ス」『東京人類学会報告』25
　　東京人類学会

河野義礼　1939「本邦に於ける翡翠の新産出及び其の化学性質」『岩石鉱物鉱床学』22−5　日本岩
　　石鉱物鉱床学会

喜田貞吉　1918a「河内国国府遺蹟最古の住民」『歴史地理』32−4　日本歴史地理学会

喜田貞吉　1918b「河内国府石器時代遺跡発掘報告を読む」『史林』3−4　史学研究会

喜田貞吉　1918c「北陸地方の古代民族の消長について」『歴史地理』32−5　日本歴史地理学会

喜田貞吉　1919a「『民族と歴史』発刊趣意書」『民族と歴史』1−1　日本学術普及会

喜田貞吉　1919b「遺物遺蹟と歴史研究」『民族と歴史』1−3　日本学術普及会

喜田貞吉　1920a「石器時代のアイヌ　民族に就いて」『民族と歴史』3−4　日本学術普及会

喜田貞吉　1920b「質疑応答　弥生式民族が天孫族と異なりとの説の根拠」『民族と歴史』3−4　日本
　　学術普及会

喜田貞吉　1933a「石器時代遺蹟から宋銭と鐵の曲玉」『歴史地理』62−1　日本歴史地理学会

喜田貞吉　1933b「我が国の石器時代石鏃の脚に就いて（一）」『考古学雑誌』23−1　考古学会

喜田貞吉　1933c「我が国の石器時代石鏃の脚に就いて（続）」『考古学雑誌』23−2　考古学会

喜田貞吉　1934「奥羽地方石器時代実年代の下限」『歴史地理』63−1　日本歴史地理学会

喜田貞吉　1935「考古学上より観たる蝦夷」『ドルメン』4−6　岡書院

喜田貞吉　1936a「日本石器時代の終末について」『ミネルヴァ』3（4月号）翰林書房

喜田貞吉　1936b「大山史前学研究所発掘猫骨の無断発表に就いて」『ミネルヴァ』4（5月号）翰林
　　書房

喜田貞吉　1936c「「あばた」も「えくぼ」、「えくぼ」も「あばた」」『ミネルヴァ』5（6月号）翰林書房

喜田貞吉　1936d「又も石器時代遺蹟から宋銭の発見」『ミネルヴァ』6（7・8月号）翰林書房

清野謙次　1938「古墳時代日本人の人類学的研究」『人類学・先史学講座』2　雄山閣

清野謙次　1944『日本人種論変遷史』小山書店

清野謙次・宮本博人　1926a「津雲石器時代人はアイヌ人なりや」『考古学雑誌』16−8　考古学会（後
　　に池田次郎編 1973『論集日本文化の起源』5 に所収。引用ページは所収本による）

清野謙次・宮本博人　1926b「再び津雲石器時代人のアイヌ人に非らざる理由を論ず」『考古学雑誌』
　　16－9　考古学会

久世辰男　1993「弥生環濠集落の環濠外土塁についての疑問」『利根川』14　利根川同人（後に『集
　　落遺構から見た南関東の弥生社会』六一書房 2001 に再録）

久世辰男　2001『集落遺構から見た南関東の弥生社会』六一書房

工藤雅樹　1974「ミネルヴァ論争とその前後」『考古学研究』20－3　考古学研究会

工藤雅樹　1979『研究史 日本人種論』吉川弘文館

工楽善通　1998「コメント 竪穴建物の機能」『先史日本の住居とその周辺』同成社

黒川真頼　1879「穴居考」『博物叢書』博物局蔵版

小出輝雄　2006「環濠は戦争用遺構か」『古代』119　早稲田大学考古学会

考古学会編　1936「例会通知」『考古学雑誌』26－2　考古学会

甲野　勇　1953『縄文土器の話』世界社

甲野　勇ほか　1936a「座談会 日本石器時代文化の源流と下限を語る」『ミネルヴァ』1－1　翰林書房

甲野　勇ほか　1936b「座談会 北海道・千島・樺太の古代文化を検討する」『ミネルヴァ』1－5　翰
　　林書房

甲野　勇ほか　1936c「座談会 北海道・千島・樺太の古代文化を検討する（二）」『ミネルヴァ』1－7
　　翰林書房

甲野　勇ほか　1936d「座談会 北海道・千島・樺太の古代文化を検討する（三）」『ミネルヴァ』1－
　　8　翰林書房

港北ニュータウン埋蔵文化財調査団　1976「大塚遺跡発掘調査概報告」『調査研究集録』1

小金井良精　1904「日本石器時代の住民」『東洋学芸雑誌』259・260　東洋学芸社

小金井良精　1927「人類学上より見たる日本民族」日本学術協会大会講演（後に『人類学研究』続
　　編 1953 に所収。ページは所収本による）

後藤守一　1930「上古時代に於ける上越地方」『考古学雑誌』20－9　考古学会

後藤守一　1941a『日本の文化 黎明編』葦牙書房

後藤守一　1941b「上古時代の住居（上）」『人類学先史学講座』15　雄山閣

後藤守一　1941c「上古時代の住居（中）」『人類学先史学講座』16　雄山閣

後藤守一　1941d「上古時代の住居（下）」『人類学先史学講座』17　雄山閣

後藤守一　1947『私たちの考古学（先史時代篇）』八重山書店

後藤守一　1955「衣食住」『日本考古学講座』4　河出書房

小林行雄　1932「吉田土器及び遠賀川土器とその伝播」『考古学』3－5　東京考古学会

小林行雄　1933「遠賀川系土器東漸形態研究」（当時未発表：2005『小林行雄考古学選集』1 が初出）

小林行雄　1934「土器の製作と轆轤の問題」『考古学評論』1－1　東京考古学会（後に 2005『小林行
　　雄考古学選集』1　真陽社に所収。引用ページは所収本による）

小林行雄　1938「弥生式文化」『日本文化史大系 1 原始文化』誠文堂新光社（後に 2005『小林行雄考
　　古学選集』1　真陽社に所収。引用ページは所収本による）

小林行雄　1939『弥生式土器聚成図録正編解説』東京考古学会（後に 2005『小林行雄考古学選集』1
　　真陽社に所収。引用ページは所収本による）

小林行雄　1943「土器類」『大和唐古弥生式遺蹟の研究』京都帝国大学文学部考古学研究報告 16

小林行雄　1947『日本古代文化の諸問題』高桐書院（後に 1972『民族の起源』塙新書 40、塙書房に所収。引用ページは所収本による）

小林行雄　1951『日本考古学概説』創元社

小林行雄　1958『日本文化研究 1 民族の起源』新潮社（後に 1972『民族の起源』塙新書 40、塙書房に所収。引用ページは所収本による）

小林行雄　1959「チャシ」『図説考古学辞典』創元新社

小林行雄　1967a「文学の源泉」『日本文学の歴史』角川書店（後に 1972『民族の起源』塙新書 40、塙書房に所収。引用は所収本による）

小林行雄　1967b「女王国の出現」国民の歴史 1　文英堂

小林行雄　1982「わが心の自叙伝」『神戸新聞』（後に 1983『考古学一路』平凡社に再録、引用ページは再録本による）

小林行雄・杉原荘介　1963『弥生式土器集成本編（合本）』再版　東京堂出版

小林行雄・佐原　眞　1964『紫雲出』香川県詫間町文化財保護委員会

斎藤　忠　1974『日本考古学史』吉川弘文館

斎藤　忠　1978『日本史小百科　墳墓』近藤出版社

斎藤　忠　1985「弥生式土器の命名とその展開」『論集日本原史』吉川弘文館

櫻井清彦　1987「日本考古学における論争・学説」『論争・学説 日本の考古学』1　雄山閣

佐々木隆彦ほか　1997『塚崎東畑遺跡』福岡県文化財調査報告書 127

佐藤傳藏　1898「日本本州に於ける竪穴発見報告」『東京人類学会雑誌』145　東京人類学会

佐原　眞　1970「大和川と淀川」『古代の日本』5　角川書店（後に 2005『佐原眞の仕事』4　岩波書店に所収。引用ページは所収本による）

佐原　眞　1975a「かつて戦争があった」『古代学研究』78　古代学研究会（後に 2005『佐原眞の仕事』4　岩波書店に所収。引用ページは所収本による）

佐原　眞　1975b「農業の開始と階級社会の形成」『岩波講座 日本歴史 1』岩波書店

佐原　眞　1979「弥生時代の集落」『考古学研究』25-4　考古学研究会

佐原　眞　1986「家畜・奴隷・王墓・戦争」『歴史科学』103　大阪歴史科学協議会（後に 2005『佐原眞の仕事 4　戦争の考古学』岩波書店に所収。引用ページは所収本による）

佐原　眞　1987『体系日本の歴史 1 日本人の誕生』小学館

佐原　眞　1990「戦争の考古学」『図書』8 月号　岩波書店（後に田中琢・佐原眞 1993『考古学の散歩道』4　岩波書店に補訂して所収。引用ページは所収本による）

佐原　眞　1997a「最古の「のろし」・最後の「のろし」」『烽（とぶひ）の道』青木書店

佐原　眞　1997b『魏志倭人伝の考古学』歴博ブックレット 1

佐原　眞　1999「日本・世界の戦争の起源」『人類にとって戦いとは』1　東洋書林

佐原　眞　2000「世界の戦争考古学」『考古学における日本歴史』6　雄山閣

佐原　眞　2002a「弥生文化の比較考古学」『古代を考える 稲・金属・戦争』吉川弘文館

佐原　眞　2002b「弥生時代の戦争」『古代を考える 稲・金属・戦争』吉川弘文館

佐原　眞　2002c『考古学つれづれ草』小学館

佐原　眞　2002d『魏志倭人伝の考古学』岩波現代文庫 学術 106

佐原　眞・金関　恕　1975「総論・米と金属の時代」『古代史発掘 4 稲作の始まり』講談社

佐原　眞・小林達雄　2001『世界史のなかの縄文』新書館

鮫島和大　1996「弥生町の壺と環濠集落」『東京大学文学部考古学研究室紀要』14

設楽博己　1996「弥生土器の様式論」『考古学雑誌』82-2　日本考古学会

設楽博己　2014「農耕文化複合と弥生文化」『国立歴史民俗博物館研究報告』185

執筆者不明　1948「日本人類学会例会」『民族学研究』13-2　日本民族学会

柴田常惠　1924『日本考古学』国史講習録19　国史講習会

柴田常惠　1927「石器時代住居阯概論」『石器時代の住居阯』考古学研究録第壹輯　雄山閣

柴田常惠ほか　1933「座談会 弥生式土器問題の回顧と展望」『ドルメン』3-1　岡書院

島田貞彦　1941「日本発見の硬玉に就いて」『考古学雑誌』31-5　考古学会

白井光太郎　1889「日本上古風俗図考第二 内地土人ノ穴居ハ縦穴ナリシコト」『東京人類学会雑誌』43　東京人類学会

白野夏雲　1882「穴居考」『学芸志林』11-61　東京大学

神野　惠　2000a「弥生時代の弓矢（上）」『古代文化』52-10　古代学協会

神野　惠　2000b「弥生時代の弓矢（下）」『古代文化』52-12　古代学協会

末永雅雄・小林行雄・藤岡謙二郎　1943『大和唐古弥生式遺蹟の研究』京都帝国大学文学部考古学研究報告16

杉原荘介　1950「古代前期の文化」『新日本史講座 古代前期』中央公論社

杉原荘介　1955「弥生文化」『日本考古学講座』4　河出書房

杉山壽栄男　1933「雑録 是川発見鉄滓の曲玉」『考古学雑誌』23-3　考古学会

須藤求馬　1896「有紋素焼土器考」『東京人類学会雑誌』129　東京人類学会

瀬川芳則　1970「高地性集落をめぐる二三の考察」『古代学研究』58　古代学研究会

関　和彦　1999「古代びとの建物仕様」『遺跡・遺物から何を読みとるか（Ⅲ）』帝京大学山梨文化財研究所

高橋健自　1916a「銅鉾銅剣考（一）」『考古学雑誌』6-11　考古学会

高橋健自　1916b「銅鉾銅剣考（二）」『考古学雑誌』6-12　考古学会

高橋健自　1916c「銅鉾銅剣考（三）」『考古学雑誌』7-2　考古学会

高橋健自　1916d「銅鉾銅剣考（四）」『考古学雑誌』7-3　考古学会

高橋健自　1917「銅鉾銅剣考（五）」『考古学雑誌』7-5　考古学会

高橋健自　1923「日本青銅器文化の起源」『考古学雑誌』13-12　考古学会

高橋健自　1925『銅鉾銅剣の研究』聚精堂書店

武末純一　1990「北部九州の環溝集落」『九州上代文化論集』乙益重隆先生古稀記念論文集刊行会

武末純一　1991「弥生時代のおわり」『弥生文化』大阪府弥生文化博物館図録

田中　琢　1991『倭人争乱』日本の歴史2　集英社

田中裕介　1987「Ⅲ 小迫原遺跡」『九州横断自動車道建設に伴う調査概報―日田地区―』大分県教育委員会

田中幸夫　1936「投弾形土製品について」『考古学』7-10　東京考古学会

田中義昭　1974「政治的社会の形成」『日本民衆の歴史』1　三省堂

田中良之　1991「いわゆる渡来説の再検討」『日本における初期弥生文化の成立』横山浩一先生退官記念事業会

田中良之　2002「弥生人」『古代を考える 稲・金属・戦争』吉川弘文館

田中良之　2014「いわゆる渡来説の成立過程と渡来の実像」『列島初期の稲作の担い手は誰か』すい

れん舎

田辺昭三・佐原　眞　1966「3. 近畿」『日本の考古学』3　河出書房（引用ページは1978年 第5版
　　新装版　河出書房新社による）

谷川磐雄　1924「武蔵国橘樹郡箕輪貝塚発掘報告」『考古学雑誌』16-4　考古学会

玉置繁雄　1904「長野市で見た弥生式土器」『東京人類学会雑誌』215　東京人類学会

都出比呂志　1974「古墳出現前夜の集団関係」『考古学研究』20-4　考古学研究会

坪井清足　1956「B 土器」『岡山県笠岡市高島遺蹟調査報告』岡山県高島遺蹟調査委員会

坪井清足　1958「山口県豊浦郡土井ヶ浜遺跡」『日本考古学年報』7　誠文堂新光社

坪井清足　1981「西日本」『縄文土器大成』4　講談社

坪井正五郎　1886「太古の土器を比べて貝塚と横穴の関係を述ぶ」『人類学会報告』1　東京人類学会

坪井正五郎　1887a「コロボックル北海道に住みしなるべし」『東京人類学会報告』12　東京人類学会

坪井正五郎　1887b「本邦諸地方に在る横穴は穴居の跡にして又人を葬るに用いし事も有る説」『東
　　京地学協会報告』9-5（のち斎藤忠編 1972『日本考古学選集3 坪井正五郎集 下巻』築地書館に
　　所収）

坪井正五郎　1888「石器時代の遺物遺蹟は何者の手に成たか」『東京人類学会雑誌』31　東京人類学会

坪井正五郎　1889「帝国大学の隣地に貝塚の跟跡有り」『東洋学芸雑誌』91　東洋学芸社

坪井正五郎　1893a「西ヶ原貝塚探究報告 其一」『東京人類学会雑誌』85　東京人類学会

坪井正五郎　1893b「常陸風土記に所謂「大人践蹟」とは竪穴の事ならん」『東京人類学会雑誌』88
　　東京人類学会

坪井正五郎　1893c「西ヶ原貝塚探究報告 其二」『東京人類学会雑誌』89　東京人類学会

坪井正五郎　1893d「西ヶ原貝塚探究報告 其三」『東京人類学会雑誌』91　東京人類学会

坪井正五郎　1893e「西ヶ原貝塚探究報告 其四」『東京人類学会雑誌』93　東京人類学会

坪井正五郎　1894a「西ヶ原貝塚探究報告 其五」『東京人類学会雑誌』94　東京人類学会

坪井正五郎　1894b「西ヶ原貝塚探究報告 其六」『東京人類学会雑誌』98　東京人類学会

坪井正五郎　1895「西ヶ原貝塚探究報告 其七」『東京人類学会雑誌』106　東京人類学会

寺沢　薫　1979「火災住居覚書」『青陵』40　橿原考古学研究所

寺沢　薫　2000『日本の歴史2 王権誕生』講談社

寺田和夫　1975『日本の人類学』思索社（後に 1981『日本の人類学』角川文庫 白266 として再刊。
　　引用ページは再刊本による）

寺田良喜　2016「南武蔵における埴輪の生産と流通」『埴輪研究会誌』20　埴輪研究会

寺田良喜　2017「南武蔵における埴輪の生産と流通（補足）」『埴輪研究会誌』21　埴輪研究会

寺田良喜　2019「南武蔵における埴輪の生産と流通（補足3）」『埴輪研究会誌』23　埴輪研究会

寺村光晴　1968『翡翠（ひすい）』養神書院

土井ヶ浜遺跡・人類学ミュージアム　2014『土井ヶ浜遺跡』下関市文化財調査報告書35

鳥居龍蔵　1897「東部台湾、阿眉種族の土器製造に就いて」『東京人類学会雑誌』135　東京人類学会

鳥居龍蔵　1905「満州に於ける人類学的視察談」『東京人類学会雑誌』237　東京人類学会

鳥居龍蔵　1908「満州の石器時代遺跡と朝鮮の石器時代遺跡との関係に就て」『東京人類学会雑誌』
　　262　東京人類学会

鳥居龍蔵　1916「古代日本民族移住発展の経路」『歴史地理』28-5、日本歴史地理学会

鳥居龍蔵　1917「閑却されたる大和国」『東京人類学会雑誌』32-9　東京人類学会

鳥居龍蔵　1926「序言」大野雲外著『遺跡遺物より観たる日本先住民の研究』磯部甲陽堂

鳥居龍蔵　1953『ある老学徒の手記』朝日新聞社（後に 2013 同書名で岩波文庫青 N112-1 として文庫化。引用ページは文庫版による）

中根君郎　1927「武蔵国荏原郡池上村久ケ原に於ける弥生式土器遺蹟」『考古学雑誌』17-10　考古学会

中根君郎　1928「武蔵国荏原郡池上町久ケ原及びその付近に於ける弥生式遺蹟」『考古学雑誌』18-7　考古学会

中根君郎・徳富武雄　1929a「武蔵国荏原郡池上町久ケ原に於ける弥生式の遺蹟、遺物並びに其の文化階梯に関する考察（一）」『考古学雑誌』19-10　考古学会

中根君郎・徳富武雄　1929b「武蔵国荏原郡池上町久ケ原に於ける弥生式の遺蹟、遺物並びに其の文化階梯に関する考察（二）」『考古学雑誌』19-11　考古学会

中根君郎・徳富武雄　1930「武蔵国荏原郡池上町久ケ原に於ける弥生式の遺蹟、遺物並びに其の文化階梯に関する考察（三）」『考古学雑誌』20-4　考古学会

中橋孝博 1993「墓の数で知る人工爆発」『原日本人』朝日ワンテーママガジン 14

中村五郎　1996「山内清男先生伝記資料」『画竜点睛』山内先生没後 25 年記念論集刊行会

中谷治宇二郎　1934「日本石器時代に於ける大陸文化の影響」『考古学』5-4　東京考古学会

中山誠二　2019「栽培植物からみた弥生型農耕の系譜」『再考「弥生時代」』雄山閣

中山平次郎　1916「筑紫国筑紫郡飼隈駅近傍の竪穴」『考古学雑誌』7-3　考古学会

中山平次郎　1919「遺物上より見たる古代の北九州文化」『歴史と地理』3-2　大鐙閣

中山平次郎　1920「土器の有無未詳なる石器時代の遺蹟（下）」『考古学雑誌』10-11　考古学会

中山平次郎　1923「焼米を出せる竪穴址」『考古学雑誌』14-1　考古学会

奈良文化財研究所　2010『発掘調査のてびき—集落遺跡発掘編—』文化庁文化財記念物課

日本考古学協会　1954『登呂遺蹟』

野中完一　1897「須藤氏の有紋素焼土器考について」『東京人類学会雑誌』131　東京人類学会

乗安和二三　2014「埋葬と葬送習俗」『土井ヶ浜遺跡』下関市文化財調査報告書 35

橋口達也　1976『スダレ遺跡』穂波町教育委員会

橋口達也　1986「犠牲者」『弥生文化の研究』9　雄山閣

長谷部言人　1917「我観石器時代住民論」『人類学雑誌』32-11　東京人類学会（後に 1927『先史学研究』1927、大岡山書店に収録。引用ページ数は所収本による）

長谷部言人　1918「宮戸島里浜貝塚の土器に就いて」『現代之科学』7-3　現代之科学社（後に 1927『先史学研究』大岡山書店に所収。引用ページは所収本による）

長谷部言人　1919「石器時代住居と現代日本人」『歴史と地理』3-2　史学地理学同攷会（後に 1927『先史学研究』大岡山書店に所収。引用ページ数は所収本による）

長谷部言人　1927「円筒土器文化」『人類学雑誌』42-1　東京人類学会

埴原和夫 1993「渡来人に席巻された古代の日本」『原日本人』朝日ワンテーママガジン 14

濱田耕作　1918「土器の系統」『河内国府石器時代遺跡発掘報告等』京都帝国大学文学部考古学研究報告 2

濱田耕作　1919「遺物遺蹟と民族」『民族と歴史』1-2　日本学術普及会

濱田耕作　1930『東亜文明の黎明』刀江書院

濱田耕作・島田貞彦・小牧実繁　1926a「肥前国有喜貝塚発掘報告（上）」『人類学雑誌』41-1　東

京人類学会

濱田耕作・島田貞彦・小牧実繁　1926b「肥前国有喜貝塚発掘報告（下）」『人類学雑誌』41-2　東京人類学会

浜田晋介　1997「古墳以外の調査成果と課題」『加瀬台古墳群の研究Ⅱ』川崎市市民ミュージアム考古学叢書3

浜田晋介　2006「考古学における集落研究史」『川崎市市民ミュージアム紀要』18

浜田晋介　2018『弥生文化読本』六一書房

浜田晋介　2019「コラム戦争の時代」『再考「弥生時代」』雄山閣

浜田晋介　2022a『探究・弥生文化㊤』雄山閣

浜田晋介　2022b「考古学の研究素材」『考古学概論』ミネルヴァ書房

浜田晋介　2022c「考古資料の解釈（2）」『考古学概論』ミネルヴァ書房

浜田晋介・山本孝文　2017『加瀬台遺跡群の研究』日本大学文理学部

原口正三　1975「土木技術」『日本生活文化史』1　河出書房新社

原口正三　1993『新池』高槻市文化財調査報告書17

春成秀爾　1975「「倭国乱」の歴史的意義」『日本史を学ぶ』1　有斐閣

春成秀爾　1990『弥生時代の始まり』東京大学出版会

日色四郎　1967『日本上代井の研究』日色四郎先生遺稿出版会（代表末永雅雄）

東影　悠　2021「田園調布埴輪製作所址出土の埴輪」『森本六爾関係資料集』Ⅳ　由良大和古代文化研究協会

樋口清之　1939『日本原始文化史』三笠書房

福家梅太郎　1884「穴居考」『学芸志林』15-86　東京大学

藤尾慎一郎　2011『＜新＞弥生時代』吉川弘文館

藤尾慎一郎　2013『弥生文化像の新構築』吉川弘文館

藤田三郎　1987「最近の唐古・鍵遺跡の調査」『シンポジウム弥生人の四季』六興出版

富士谷孝雄　1883「中村穴居考」『学芸志林』13-74　東京大学

藤本　強　1988『もう二つの日本文化』UP考古学選書2　東京大学出版会

藤森栄一　1943「弥生式文化に於ける摂津加茂の石器群の意義に就いて」『古代文化』14-7　日本古代文化学会

文化庁文化財保護部　1966『埋蔵文化財発掘調査の手びき』国土地理協会

蒔田鎗次郎　1896「弥生式土器（貝塚土器に似て薄手のもの）発見に付いて」『東京人類学会雑誌』11-122　東京人類学会

蒔田鎗次郎　1897「弥生式土器」『東京人類学会雑誌』12-138　東京人類学会

蒔田鎗次郎　1898「弥生式竪穴より石器の発見」『東京人類学会雑誌』150　東京人類学会

蒔田鎗次郎　1901「長野市に於ける弥生式土器の発見」『東京人類学会雑誌』187　東京人類学会

蒔田鎗次郎　1902a「長野市に於ける弥生式土器の発見（第187号の続き）」『東京人類学会雑誌』190　東京人類学会

蒔田鎗次郎　1902b「弥生式土器と共に貝を発見せし事に就いて」『東京人類学会雑誌』192　東京人類学会

蒔田鎗次郎　1902c「大野雲外氏の埴甕説に就いて」『東京人類学会雑誌』196　東京人類学会

蒔田鎗次郎　1902d「弥生式に就いて再び大野氏に質す」『東京人類学会雑誌』201　東京人類学会

蒔田鎗次郎　1904「埴瓮と弥生式土器の区別」『東京人類学会雑誌』215　東京人類学会

間壁忠彦　1970「高地性集落の謎」『古代の日本』4　角川書店

松木武彦　1989「弥生時代の石製武器の発達と地域性」考古学研究 35-4　考古学研究会

松木武彦　1995「弥生時代の戦争と日本列島の発展過程」考古学研究 42-3　考古学研究会

松木武彦　2001『人はなぜ戦うのか』講談社選書メチエ 213　講談社

松本彦七郎　1918「日本石器時代人類に就いて」『人類学雑誌』33-9　東京人類学会

松本彦七郎　1919a「日本先史人類論」『歴史と地理』3-2、史学地理学同攷会

松本彦七郎　1919b「宮戸島里浜及気仙郡癲沢介塚の土器」『現代之科学』7-5・6　現代之科学社

豆谷和之　2009「第 69 次調査」「第 98 次調査」『唐古・鍵遺跡Ⅰ』田原本町教育委員会

マンロー　1907a「後石器時代之頭蓋骨」『東京人類学会雑誌』255　東京人類学会

マンロー　1907b「大野氏の埴瓮説を読む」『東京人類学会雑誌』257　東京人類学会

三須田浩　1936「東京市内で発掘された古代住居趾」『ミネルヴァ』1-6　翰林書房

三森定男　1941『日本原始文化』四海書房

宮川和也　2007「蒔田鎗次郎の足跡」『東京考古』25　東京考古談話会

宮坂英弌　1936「宋銭発掘記」『ミネルヴァ』1-7　翰林書房

村川行弘　1964『会下山遺跡』芦屋市教育委員会

森　浩一　1970「高地性集落と前期古墳」『古墳』保育社

森　浩一・鈴木博司　1968『観音寺山遺跡調査概報』観音山山遺跡調査団

森貞次郎　1966a「弥生文化の発展と地域性」『日本の考古学』2　河出書房

森貞次郎　1966b「武器」『日本の考古学』2　河出書房

森本　晋　1986「石鏃」『弥生文化の研究』9　雄山閣

森本六爾　1929『日本青銅器時代地名表』岡書院

森本六爾　1930a「埴輪の製作所址及窯址」『考古学』1-4　東京考古学会（後に森本六爾著／坪井良平・
　小林行雄編 1938『日本考古学研究』桑名文星堂に写真を差し替え・追加、図も追加して再録。）

森本六爾　1930b「北九州弥生式土器編年」『柳園古器略考・鉾之記』（後に森本六爾著／坪井良平・
　小林行雄編 1938『日本考古学研究』桑名文星堂に再録。引用ページは再録本による）

森本六爾　1931「日本に於ける青銅器文化の伝播」『考古学』2-5・6　東京考古学会

森本六爾　1933「東日本の縄式時代に於ける弥生式並に祝部式系文化の要素摘出の問題」『考古学』
　4-1　東京考古学会

森本六爾　1934a「銅鐸面の絵画に就いて」『日本原始農業新論』考古学評論 1-1　東京考古学会

森本六爾　1934b「弥生式の住居址」『日本原始農業新論』考古学評論 1-1　東京考古学会

森本六爾　1935「日本古代社会」『歴史教育講座』第 4 資料編、四海書房（後に森本六爾著／坪井良平・
　小林行雄編　1938『日本考古学研究』桑名文星堂に再録。引用ページは再録本による）

森本六爾／坪井良平・小林行雄編　1938『日本考古学研究』桑名文星堂

八重津輝勝　1924「肥前国雪ノ浦遺跡調査報告」『考古学雑誌』14-14　考古学会

八木奘三郎　1897「相州諸磯石器時代遺蹟の土器」『東京人類学会雑誌』139　東京人類学会

八木奘三郎　1898「馬来形式の新遺物発見」『東京人類学会雑誌』145　東京人類学会

八木奘三郎　1899『日本考古学』愛善社

八木奘三郎　1902『日本考古学』（再版）嵩山房

八木奘三郎　1906「中間土器（弥生式土器）の貝塚調査報告」『東京人類学会雑誌』248　東京人類

学会

八木奘三郎　1907a「中間土器（弥生式土器）の貝塚調査報告」『東京人類学会雑誌』250　東京人類
　　学会

八木奘三郎　1907b「中間土器（弥生式土器）の貝塚調査報告」『東京人類学会雑誌』251　東京人類
　　学会

八木奘三郎・中澤澄男　1906『日本考古学』博文館

家根祥多　1984「縄文土器から弥生土器へ」『縄文から弥生へ』帝塚山考古学研究所

山﨑直方　1888「河内国ニ於て発見せし横穴ニ就て」『東京人類学会雑誌』34　東京人類学会

山中　笑　1904「弥生式土器に就いて」『東京人類学会雑誌』223　東京人類学会

山内清男　1925「石器時代にも稲あり」『人類学雑誌』40-5　東京人類学会

山内清男　1928「下総上本郷貝塚」『人類学雑誌』43-10　東京人類学会

山内清男　1930「所謂亀ヶ岡式土器の分布と縄文式土器の終末」『考古学』1-3, 1-4　東京考古学会

山内清男　1932a「日本遠古之文化一　縄文土器文化の真相」『ドルメン』1-4　岡書院

山内清男　1932b「日本遠古之文化二　縄文土器の起源」『ドルメン』1-5　岡書院

山内清男　1932c「日本遠古之文化三　縄文土器の終末」『ドルメン』1-6　岡書院

山内清男　1932d「日本遠古之文化四　縄文土器の終末 二」『ドルメン』1-7　岡書院

山内清男　1932e「日本遠古之文化五　縄文式以後（前）」『ドルメン』1-8　岡書院

山内清男　1932f「日本遠古之文化六　縄文式以後（中）」『ドルメン』1-9　岡書院

山内清男　1933「日本遠古之文化七　縄文式以後（下）」『ドルメン』2-2　岡書院

山内清男　1935「縄文式文化」『ドルメン』4-6　岡書院

山内清男　1936a「日本考古学の秩序」『ミネルヴァ』1-4（5月号）翰林書房

山内清男　1936b「考古学の正道」『ミネルヴァ』1-6（7・8月号）翰林書房

山内清男　1939『日本遠古之文化 補注付・新版』先史考古学会

山内清男　1947「米作と日本の祖先たち」『新農芸』2-6　河出書房（後に1967『山内清男・先史考
　　古学論文集』4、先史考古学会に、同名論文として再録。引用ページは再録本による）

山内清男　1952「第二トレンチ」『吉胡貝塚』文化財保護委員会

山内清男　1964「日本先史時代概説」『日本原始美術 Ⅰ』講談社（後に1972『山内清男・先史考古
　　学論文集』新五、先史考古学会に、同名論文として再録。引用ページは再録本による）

山内清男　1967『山内清男・先史考古学論文集・第3冊』先史考古学会

八幡一郎　1924「千葉県加曽利貝塚の発掘」『人類学雑誌』39-4～6　東京人類学会

八幡一郎　1930『土器 石器』古今書院

八幡一郎　1931「石弾子か」『人類学雑誌』46-1　東京人類学会（後に1979『八幡一郎著作集3 弥生
　　文化研究』に所収。引用ページは所収本による）

八幡一郎　1935「日本石器時代文化」『日本民族』東京人類学会

八幡一郎　1937「日本の古代楯に関する私見」『日本史学』8　日本大学史学会（後に1979『八幡一
　　郎著作集3 弥生文化研究』に所収。引用ページは所収本による）

八幡一郎　1948「静岡市登呂の古代村落」『民族学研究』12-4　民族学協会（後に1979『八幡一郎
　　著作集3 弥生文化研究』に所収）

八幡一郎　1979『石弾・土弾』慶友社

八幡一郎　1986『弾談議』六興出版

八幡一郎・甲野　勇　1926「武蔵国鶴見町二見台遺跡に就いて」『人類学雑誌』41－1　東京人類学会

横路石太郎　1900「伊予国温泉郡ヨリ出タル土器」『東京人類学会雑誌』177　東京人類学会

吉田文俊　1917「東京湾附近に於ける有史以前の日本人の遺跡」『人類学雑誌』32－6　東京人類学会

歴史学研究会編　1936「会報」『歴史学研究』6－4　歴史学研究会

和島誠一・田中義昭　1966「住居と集落」『日本の考古学Ⅲ』河出書房

渡瀬荘三郎　1886「札幌近傍ピット其他古跡ノ事」『人類学会報告』1　東京人類学会

渡辺修一　1992「「竪穴住居」か「竪穴建物」か」『研究連絡誌』34　千葉県文化財センター

Hanihara, K., 1987 Estimation of the Number of Esrly Migrants to Japan. *Journal of the Anthropological Society of Nippon* 95（3）(『人類学雑誌』95－3　日本人類学会)

Munro, N. G., 1908 *Prehistoric Japan*. yokohama

■著者紹介

浜田 晋介（はまだ しんすけ）

1959年　神奈川県川崎市生まれ。

日本大学文理学部を卒業後、川崎市・東京都あきる野市・八王子市などで発掘
　　調査に従事。

川崎市市民ミュージアム学芸員を経て、日本大学文理学部教授（現職）。

専修大学より2011年に博士（歴史学）を授与。

主な著書には次のものがある。

『探究　弥生文化㊤　学説はどう変わってきたか』2022，雄山閣

『考古学概論』2022，ミネルヴァ書房（山本孝文・青木敬・城倉正祥・寺前直人と共著）

『再考「弥生時代」』2019，雄山閣（中山誠二・杉山浩平と共著）

『弥生文化読本』2018，六一書房

『弥生農耕集落の研究』2011，雄山閣

《検印省略》2023年8月25日　初版発行

探究　弥生文化㊦
どんな論争があったのか

著者
浜田晋介

発行者
宮田哲男

発行所
株式会社 雄山閣

〒102-0071　東京都千代田区富士見2-6-9

Ｔｅｌ：03-3262-3231

Ｆａｘ：03-3262-6938

ＵＲＬ：http://www.yuzankaku.co.jp

e-mail：info@yuzankaku.co.jp

振　替：00130-5-1685

印刷・製本
株式会社ティーケー出版印刷

ISBN978-4-639-02921-2 C0021

N.D.C.210　168p　21cm